Pieux Souvenir

4 Janvier 1899

La Presse

ET

Édouard HERVÉ

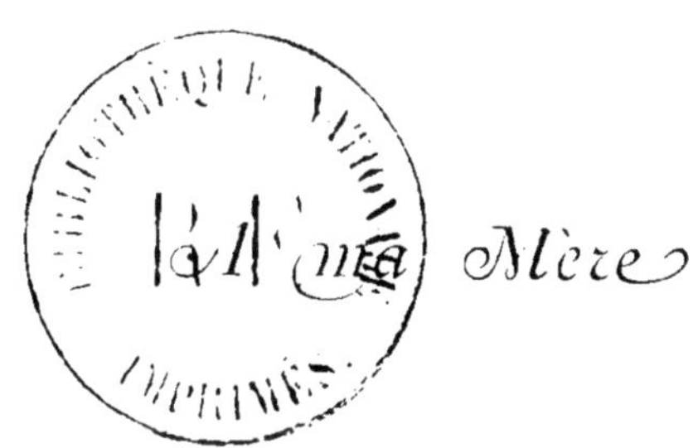

A ma Mère

C'est en pensant à votre douleur, ma chère mère, que j'ai réuni en ce volume les articles écrits le lendemain de la mort de mon regretté Père par nos confrères de la presse Française.

L'unanimité des regrets de ces amis connus ou ignorés a été dans nos heures de tristesses un réconfort, je m'efforce d'en perpétuer le souvenir.

Soyez la pieuse gardienne de ce livre d'or consacré à la mémoire de celui que nous pleurons tous et que nous ne pouvons oublier.

PHILIPPE HERVÉ.

PRÉFACE

Un recueil d'articles et de discours d'Édouard Hervé, de l'Académie française, fondateur du *Soleil*, vient de paraître chez Calmann-Lévy sous le titre *Trente ans de politique*. Voici la préface de ce livre écrite par M. Hervé de Kerohant.

C'est pour me conformer au désir exprimé par mon frère Édouard Hervé, peu de jours avant sa mort, que j'ai réuni en un volume un certain nombre d'articles écrits par lui dans les journaux et les revues, en ajoutant à ces articles trois discours qu'il a prononcés devant l'Académie française.

Le choix des articles était difficile à faire : l'œuvre d'Édouard Hervé est considérable. A l'âge où d'autres commencent à peine leur carrière, il avait déjà fait sa réputation dans le journalisme ; et même avant d'arriver à l'âge d'homme, quand il était encore sur les bancs du collège, il avait écrit des compositions qui ne dépareraient pas un recueil de travaux historiques. Il avait terminé depuis peu de temps ses études quand il entra comme secrétaire de la rédaction à la *Revue contemporaine*. Il y avait pour tâche de lire, d'apprécier et parfois de refaire les articles qui étaient destinés à l'insertion ; chaque article de politique, de littérature ou d'art qui passait sous ses yeux était de sa part l'objet d'un rapport adressé au directeur de la *Revue*, et je tiens de ce dernier que toutes ces notes écrites au courant de la plume, mais en un style sobre, net et précis, auraient formé, si on les avait conservées et publiées, une œuvre de critique tout à fait remarquable.

Forcé de faire un choix, j'ai réuni dans ce petit volume de

trois cents pages deux articles de politique étrangère qui ont paru avant la guerre, dans le *Courrier du Dimanche*, l'un en 1864, l'autre en 1866 ; un certain nombre d'articles écrits dans le *Journal de Paris* et dans le *Soleil* sur les conditions de la paix après la guerre de 1870-71, sur la question de la forme de gouvernement qui se posa devant l'Assemblée nationale à la suite de l'entrevue de Froshdorff; sur les mesures auxquelles la République eut recours pour enlever aux princes leurs grades dans l'armée française ; enfin sur la loi d'exil. On trouvera les trois discours prononcés par Édouard Hervé devant l'Académie française à la fin de ce volume, qui se divise ainsi en cinq parties :

Avant la guerre. — Après la guerre. — Monarchie ou République. — La République et les princes. — A l'Académie française.

Ce recueil qui contient une bien faible partie de l'œuvre d'Edouard Hervé, s'ouvre donc par un article sur le démembrement du Danemark publié dans le *Courrier du Dimanche* du 19 juin 1864. Il se termine par un article sur la mort du duc d'Aumale publié dans le *Soleil* du 8 mai 1897, le dernier qu'il ait écrit.

Donnez-vous la peine de feuilleter ce livre de trois cents pages. Rapprochez l'article de 1864 sur le démembrement du Danemark de certains passages du discours de 1896 pour la réception de M. Costa de Beauregard, ou comparez l'article de 1871 sur l'abrogation des lois d'exil à l'article de 1897 sur la mort du duc d'Aumale : vous verrez que la pensée d'Édouard Hervé à soixante ans ne diffère pas de la pensée d'Édouard Hervé à trente ans, et vous vous direz que peu d'hommes ont dû avoir une telle unité de ligne politique, une pareille fermeté de convictions.

A trente ans, quand il tenait la plume au *Courrier du Dimanche* pour la rédaction des articles de politique étrangère, il était dans la maturité de son talent, dans l'épanouissement de sa lumineuse intelligence. La guerre des duchés lui avait fait prévoir les deux autres guerres qui devaient donner à la Prusse la domination de l'Allemagne et l'hégémonie de l'Europe; et, discernant avec une étonnante sûreté de vue le génie envahissant de la race germanique, il se demandait avec angoisse « ce que deviendraient la paix de l'Europe et surtout la sécurité des nations occidentales, le jour où l'Allemagne réaliserait, non pas son unité administrative ou politique, mais seulement son unité militaire, le jour où quinze cent mille soldats, les meilleurs du monde après les nôtres, obéiraient à la même pensée et marcheraient au même commandement. » Il dénonçait les dangers que faisait courir à la France cette politique des nationalités que Napoléon III avait follement favorisée et nous montrait dans un avenir prochain, se dressant en face de notre pays descendu au second ou au troisième rang en Europe, une « Allemagne de soixante millions d'habitants, soutenue peut-être par des alliances inattendues ». Il prévoyait, dès le lendemain de Sadowa, que l'Allemagne allait revendiquer les Vosges comme sa frontière naturelle et réclamer l'Alsace au nom de ce principe des nationalités que l'Empire avait fait triompher dans la guerre d'Italie et il se demandait avec angoisse où serait le refuge de la liberté humaine, le jour où l'Europe serait partagée en quatre ou cinq grandes monarchies « également intéressées peut-être à s'opposer aux hardiesses de la libre-pensée »; où, les petits Etats supprimés ou asservis, il n'y aurait plus de terre privilégiée pour « servir d'asile à l'écrivain menacé et à la pensée proscrite »; où partout l'homme qui veut être libre se trouverait en présence de gouvernements tout puissants, « appuyés par des armées formidables et servis par une administration savante et compliquée ». Il terminait par cette parole d'amère tristesse et en même temps d'espérance : « Notre temps seul, nous l'espérons, du moins, serait obscurci, notre génération seule serait sacrifiée. D'autres générations, d'autres hommes verraient se lever des jours meilleurs. Le foyer de la civilisation, comprimé, mais non pas étouffé, recommencerait demain ou après demain, ici ou ailleurs, à jeter de nouvelles lueurs. »

L'événement devait, hélas ! justifier les prévisions pessimistes d'Édouard Hervé et les malheurs de la France devaient dépasser les craintes que lui inspirait son clairvoyant patriotisme. Après avoir fait son devoir d'écrivain et de soldat pendant la guerre franco-allemande, il protesta avec énergie contre la dûreté des conditions que le vainqueur prétendait nous imposer. Au moment où la paix semblait aussi désirée que l'avait été quelques mois avant la guerre engagée d'un cœur si léger par le gouvernement impérial, Édouard Hervé ne céda pas à l'entraînement général. Seul dans le parti conservateur, il demanda à l'Assemblée nationale de ne pas s'incliner devant les exigences des Prussiens, de ne pas laisser M. Thiers poser la signature de la France au bas d'un traité qui nous dépouillait non seulement de l'Alsace, mais aussi de la Lorraine, qui nous prenait non seulement Strasbourg, mais aussi Metz, qui mettait Paris à découvert et laissait la France sans frontière. Dans un article du *Journal de Paris* du 24 février 1871, il en appelait à l'Europe, dont l'intérêt était solidaire de celui de la France : « La question soulevée par l'ambition prussienne n'intéresse-t-elle que nous ? Sommes-nous seuls menacés par ces prétentions démesurées ? Que l'Europe veuille bien y réfléchir... S'il y a encore un homme d'État en Europe, si la race des Canning et des Metternich n'est pas éteinte, la cession de Metz ne sera pas : elle ne peut pas se faire. Metz, en présence du formidable accroissement de puissance militaire en Allemagne, n'est plus seulement une forteresse française : c'est une forteresse européenne. Ce n'est plus seulement le boulevard de Paris : c'est le boulevard de Londres, de Vienne et de Florence. » Quatre jours après il écrivait encore, en parlant des conditions de paix : « Nous le disons froidement, mais résolument, nous le disons sous l'empire d'une conviction profonde et réfléchie, de pareilles conditions sont complètement, absolument inacceptables. »

Les conditions qu'Édouard Hervé estimait inacceptables furent acceptées. L'article du *Journal de Paris* du 5 mars

1871 est le cri de douleur du patriote qui voit se consommer le malheur de son pays et qui assiste impuissant à l'irrémédiable catastrophe qu'il a prévue et annoncée. C'est aussi un cri de colère contre le gouvernement dont la néfaste politique a amené la ruine de la France : « La voilà donc signée, cette exécrable paix. digne conclusion d'une exécrable guerre !... La France vient de payer en un jour vingt années de décadence morale, de platitude intellectuelle, d'asservissement, aux bas et grossiers appétits... »

Édouard Hervé croyait qu'après la signature de « l'exécrable paix » le calice était épuisé jusqu'à la lie. Il se trompait. On était en mars 1871. Les horreurs de la guerre civile allaient succéder aux horreurs de la guerre étrangère. Au péril de sa vie, le rédacteur en chef du *Journal de Paris* resta dans la ville assiégée par l'armée française sous les ordres de Mac-Mahon après avoir été assiégée par l'armée allemande sous les ordres du roi de Prusse. Il lutta jusqu'au bout contre ceux qui avaient fondé dans Paris un gouvernement révolutionnaire et prétendaient imposer ce gouvernement à la France. La Commune supprima le *Journal de Paris* Le journal supprimé reparut sous d'autres noms : et c'est dans l'*Echo de Paris* quelques jours avant l'entrée à Paris des soldats de l'ordre, au moment où s'ouvrait la *Semaine sanglante*, qu'Édouard Hervé jetait un défi à la Commune en écrivant : « Toutes les villes de France sont exposées, comme Paris, à tomber entre les mains d'une poignée d'audacieux... Paris veut voir les armes tomber des mains des combattants ; mais il sait qu'elles n'en peuvent tomber que par le rétablissement de l'ordre et de la loi. »

Pendant qu'Édouard Hervé combattait dans Paris pour la patrie et pour l'ordre, d'autres avaient récolté en province des sièges de représentants à l'Assemblée nationale. La paix « l'exécrable paix », qui livrait à la Prusse deux de nos plus belles provinces et ouvrait une large brèche sur notre frontière avait été signée. La question de la forme de gouvernement allait se poser. l'Empire était hors de cause. Il s'agissait de choisir entre la république et la Monarchie. L'Assemblée nationale était souveraine. Que ferait-elle de la France ? Elle n'avait qu'à tailler à son gré dans le marbre : Quelle forme allait-elle lui donner ?

Sera-t-il Dieu, table ou cuvette !

Édouard Hervé était libre de tout engagement. Sous l'Empire ses opinions l'avaient classé dans l'opposition libérale. Une partie de ses amis politiques allaient à la République. Les suivrait-il ? Se rangerait-il derrière M. Thiers, dans le parti de ceux qui voyaient dans la République conservatrice, dans la République sans républicains, comme on disait alors, *la meilleure des Monarchies ?* Je le répète sa liberté était entière : il pouvait dire en toute vérité, dans un article du *Journal de Paris*, du 4 juillet 1871 : « Nous n'avons, grâce à Dieu, aliéné entre les mains d'aucun prince, ni d'aucun homme d'État, l'indépendance de notre jugement et la liberté de notre langage ».

Mais cette déclaration faite, Édouard Hervé s'empressait d'ajouter : « Des hommes illustres, derrière lesquels nous avions longtemps marché, ont cru devoir tourner vers la République ; nous ne les avons pas blâmés, mais nous ne les avons pas suivis dans la voie nouvelle où ils se sont engagés ».

Édouard Hervé ne pouvait se dissimuler qu'en se sépa-séparant de ses anciens amis politiques qui allaient essayer de faire, avec M. Thiers, une République conservatrice, il sacrifiait à ses convictions ses intérêts personnels. Les républicains l'auraient porté au premier rang. Les monarchistes dont il embrassait la cause le tinrent toujours à l'écart. Le parti républicain se contente du travail et du talent. Dans le parti monarchiste on tient au blason et à la fortune acquise. On savait qu'Édouard Hervé avait les qualités d'un homme d'État. Les travaux auxquels il s'était livré, ses aptitudes sa merveilleuse perspicacité et l'élévation de ses vues, le désignaient pour participer à la direction de la politique extérieure de la France. C'est surtout dans un pareil poste qu'il aurait pu rendre de grands services à son pays. Ses adversaires politiques n'hésitaient pas à le reconnaître. Ses amis ne l'ignoraient pas. Quand ils furent au pouvoir, après le 24 mai, ils lui offrirent une légation quelque part, dans une république de l'Amérique du Sud, je crois.

Édouard Hervé put être froissé des procédés dont les chefs du parti conservateur usèrent à son égard ; il put être douloureusement affecté par l'ingratitude qui paya ses services : il n'en laissa jamais rien voir au public. Il resta inébranlablement fidèle à la cause de la Monarchie constitutionnelle parce qu'il croyait fermement que la Monarchie constitutionnelle seule, pouvait assurer à son pays l'ordre avec la liberté et rendre à la France, en Europe, le rang que les fautes de l'empire lui avaient fait perdre. D'ailleurs, en 1873, au moment où la question de la forme de gouvernement se posait devant la France, sa ligne de conduite restait ce qu'elle avait été le jour où il avait fait son début dans la vie politique active. Il voulait une Monarchie constitutionnelle, libérale, ouverte à tous les progrès comme à tous les hommes de bonne volonté. La Révolution et le césarisme lui inspiraient une égale aversion. Son esprit essentiellement droit et pondéré n'admettait pas que la société française pût vivre avec un gouvernement qui ne lui assurât pas l'ordre et la liberté.

On retrouve cette pensée dans tous les articles dans lesquels il fait valoir la supériorité de la forme monarchique. « La révolution et le césarisme, écrit-il dans le *Journal de Paris* le 28 août 1871, ne sont au fond qu'une seule et même chose. » Le 6 septembre 1871, il écrit encore : « La France contemporaine veut l'ordre et ne peut se passer de liberté... Nous ne voulons pas de réaction : on peut être réactionnaire sans être conservateur. Mais nous ne voulons pas davantage de politique révolutionnaire la politique révolutionnaire n'est pas la politique libérale.

Ni réaction, ni révolution; ni dictature, ni anarchie. L'ordre, sans lequel il n'y a pas de sécurité ; la liberté, sans laquelle il n'y a pas de dignité. » Il esquisse le programme de la Monarchie qu'il appelle de tous ses vœux, la Monarchie pour laquelle il a combattu tant que sa main pourra tenir une plume, et écrivant dans le *Journal de Paris*, le 1er février 1872 : « Il existe en France un grand parti qui n'est ni rouge ni blanc, qui ne veut ni révolution nouvelle ni contre-révolution, ni retour à l'ancien ordre social, ni destruction de l'ordre social actuel. Ce parti: en répudiant les violences et les excès de la Révolution, accepte et entend conserver ses résultats légitimes : l'égalité civile, la liberté politique et religieuse, le gouvernement constitutionnel. » Il revient encore sur cette idée dans un article du 18 janvier 1873: « Si un jour la Monarchie devait être rétablie, elle ne pourrait l'être que par la *libre volonté de la nation* et sur la triple base de l'égalité civile, de la liberté politique et religieuse et des garanties constitutionnelles. »

L'égalité civile, la liberté politique et religieuse, les garanties constitutionnelles : Voilà donc, d'après Édouard Hervé, ce que la Monarchie devait assurer au pays. C'est à cette triple condition que la France moderne pouvait accepter la Monarchie. La formule de l'article écrit par Édouard Hervé, le 18 janvier 1873, se retrouve dans le programme de la Droite, publié le 19 octobre 1873. Le manifeste de la Droite, accepté par le Centre-Droit, disait : « Une Monarchie héréditaire, représentative, constitutionnelle, assure au pays son droit d'intervention dans la gestion de ses affaires, et, sous la garantie de la responsabilité ministérielle, toutes les libertés nécessaires : libertés politiques, civiles, religieuses ; l'égalité devant la loi... cette Monarchie est celle que nous voulons. »

Tout le monde considérait alors le dénouement comme prochain. Sachant fort bien qu'il y avait une majorité certaine à l'assemblée nationale pour rétablir la Monarchie dans les conditions qu'Édouard Hervé avait formulées dès le commencement de 1873, les républicains faisaient des efforts désespérés pour barrer la route à la Monarchie. Cependant M. Lucien Brun et M. Chesnelong étaient arrivés de Salzbourg et en avaient rapporté les affirmations les plus satisfaisantes Édouard Hervé écrivait dans le *Journal de Paris* :

« Nous ne voulons et ne pouvons faire qu'une Monarchie entourée de garanties constitutionnelles.

« Nous ne voulons et ne pouvons faire qu'une Monarchie qui ne repousse pas le drapeau tricolore.

« Les garanties constitutionnelles sont la condition du concours de l'Assemblée. »

Le jour même où Édouard Hervé, plein de confiance dans les assurances données au nom du comte de Chambord par M. Lucien Brun et M. Chesnelong, écrivait son article, le comte de Chambord écrivait la lettre célèbre dans laquelle il déclarait repousser le drapeau tricolore.

La lettre du comte de Chambord était l'anéantissement des espérances d'Édouard Hervé. Avant la lettre du 27 octobre 1873, publiée le 30 octobre dans l'*Union* tout le monde croyait que la Monarchie allait se faire. Le lendemain de la lettre, tout le monde, tous les gens clairvoyants du moins, virent que la République était faite. C'était un coup terrible pour Édouard Hervé qui avait vu et qui ne cessa jamais de voir dans la Monarchie l'instrument nécessaire de la prospérité et de la grandeur de son pays. Il publia dans son journal, sans un mot de récrimination, de blâme ou de colère, la lettre qui tuait la Monarchie et fondait la République. Il la publia en la faisant précéder simplement de ces cinq lignes :

« Nous trouvons dans l'*Union* la lettre suivante adressée par M. le comte de Chambord à l'honorable M. Chesnelong, député des Basses-Pyrénées.

« Nous la reproduisons avec une douleur que nos amis et nos lecteurs comprendront et partageront. »

On peut dire que la lettre du 27 octobre 1873 avait atteint Édouard Hervé en plein cœur. Ne se ménageant pas, s'exposant à tous les coups, épuisant toutes ses munitions, il avait marché au premier rang avec ceux qui combattaient pour faire la Monarchie. Au moment décisif, un secours inattendu était venu à ses adversaires. Les républicains triomphaient. La bataille était perdue pour les monarchistes, Édouard Hervé ne se découragea pas cependant. Il s'employa à couvrir la retraite, à faire en sorte que la défaite ne se changeât pas en déroute. On était vaincu, mais la défaite n'était pas irréparable.

Impossible dans le présent, la Monarchie libérale, la Monarchie du drapeau tricolore restait la réserve, la ressource de l'avenir.

Édouard Hervé continua le bon combat.

Il venait de fonder le *Soleil*, organe populaire, appelé à un succès éclatant et surtout durable. Il avait une tribune du haut de laquelle il pourrait parler, non plus aux anciennes classes dirigeantes, qui ne dirigeaient plus rien, mais à la foule. Il avait entre les mains un instrument puissant. Il s'en servit, non point pour arriver au pouvoir, mais pour exprimer, répandre et propager ses idées.

Ce journal était son œuvre personnelle. Il l'avait créé sans aide, sans appui, sans autres ressources que sa vaste intelligence, son indomptable énergie et sa haute intégrité. Il devait, pendant un quart de siècle, dans ce journal, dans ce semeur d'idées qui était sorti de son cerveau, défendre avec une incomparable vigueur, avec une fermeté inébranlable, la cause de la Monarchie à laquelle il est resté fidèle jusqu'à la mort.

Il ne m'appartient pas d'apprécier dans toute son étendue, le rôle qu'il a joué, de dire la place qu'il a tenue dans son pays, de dire les services qu'il a rendus à ces princes auxquels il s'était donné tout entier parce qu'ils représentaient à ses yeux le glorieux passé de la France et qu'en eux il avait mis ses patriotiques espérances. Je veux dire seulement que pendant toute la période qui s'ouvre après l'échec de la tentative de restauration monarchique pour se terminer à la mort du comte de Paris en 1893, il fut toujours sur la brèche ne laissant jamais échapper une occasion de livrer bataille pour la cause monarchique. Quand il croyait pouvoir lutter avec quelque chance de succès, il allait de l'avant, arborant et faisant flotter au vent le drapeau monarchique, que d'autres mettaient prudemment dans leur poche au moment de la bataille. En pareille circonstance, il ne s'inquiétait pas de savoir si ses « amis » le suivaient ; et, de fait, ils ne suivaient guère. C'est ainsi qu'il se présenta trois fois aux élections législatives, deux fois à Paris et une fois à Marseille.

Ce fut une triple défaite ; et ceux qui ont vu les choses de près et qui savent dans quelles conditions il engageait la lutte ne peuvent s'étonner que du nombre relativement considérable de voix qu'il obtint. J'ai dit qu'il combattait seul. Je n'exagère pas. Orléaniste il avait contre lui les républicains, les bonapartistes et les « royalistes blancs », ceux qui sont en retard d'un siècle et même davantage et dont on peut dire encore qu'ils n'ont « rien appris ni rien oublié ». Sans doute les hommes importants du parti orléaniste le secondaient dans la mesure de leurs forces et de leur influence. Ils inscrivaient leurs noms à côté du sien pour la composition de son comité électoral. Mais ils se dispensaient d'aller voter pour lui le jour du scrutin. Peut-être envoyaient-ils leurs domestiques déposer un bulletin dans l'urne à leur place. Encore n'en suis-je pas bien sûr. Il pouvait souffrir de ces vilenies, de ces lâchetés et de ces trahisons. Il ne s'en plaignit jamais. Je pense même que son âme généreuse les oublia. D'autres s'en souviennent.

Après l'échec du « boulangisme », lorsque les chefs du parti conservateur, ceux qui avaient collaboré, avec le comte de Paris, à la direction de l' « Union conservatrice » se rallièrent à la République, Edouard Hervé fut l'objet des plus pressantes sollicitations. On lui exposa que la République ayant reçu l'adhésion du pape était désormais établie sur les bases les plus solides, que toute espérance de faire la Monarchie était éteinte et que les conservateurs ne devaient pas rester liés au « cadavre » de la Royauté. Il écouta avec attention ceux qui lui tenaient ce langage et leur répondit simplement : « Ce que vous me dites ne change pas mes convictions. Faites-vous républicains, je ne vous en blâme point, je reste monarchiste et mon journal restera monarchiste. »

A ce moment, Édouard Hervé ne pouvait plus se faire, ne se faisait plus aucune illusion. Il n'avait aucune raison de croire alors qu'il ne lui restait plus que quelques années à vivre. Mais il savait qu'il mourrait sans voir la restauration de la Monarchie. Sa foi politique n'en était pas atteinte. Si ses espérances étaient mortes, ses convictions restaient vivantes dans son cœur. Il avait le droit de dire comme d'autres et mieux que d'autres :

> Sombre fidélité pour les choses tombées
> Sois ma force et ma joie et mon pilier d'airain.

Il regardait sa vie militante comme terminée. Il n'écrivit plus que rarement dans son journal. Quand le comte de Paris mourut, il consacra dans la *Revue de Paris* un article plein d'émotion à la mémoire de ce prince dont il n'avait pas toujours approuvé la politique, mais dont il admirait les vertus et auprès duquel il avait toujours trouvé un accueil d'une exquise courtoisie. Il est difficile de croire qu'il ait jamais eu foi en l'efficacité de la politique de l'union conservatrice, le journaliste qui, parlant des huit dernières années de la vie du comte de Paris, s'exprimait ainsi : « Il fallut reprendre le chemin de l'exil. Le comte de Paris n'aura revu sa patrie que pour lui être arraché de nouveau, et, cette fois, à tout jamais. Alors commence la dernière et la plus triste partie de sa vie, huit années douloureuses passées à l'étranger, une lutte politique soutenue par devoir et sur laquelle aucun espoir de succès n'a jamais brillé. »

Détournant ses regards des tristesses du présent, Édouard Hervé employa les dernières années de sa vie à étudier l'histoire du grand siècle où la France, recueillant les fruits de la politique d'Henri IV, de Richelieu et de Mazarin, arrivée avec Louis XIV à l'apogée de sa grandeur, occupait dans la politique, dans la littérature, dans les arts, le premier rang parmi toutes les nations du monde. La mort a interrompu les travaux que deux ans ou trois ans de répit lui avaient permis d'achever et qui auraient eu un grand intérêt historique.

Un poète a dit en parlant de ceux qui ne sont pas hostiles aux idées religieuses, mais qui n'ont pas la foi.

> Mais ces indifférents ne sont que des athées.
> Ils ne dormiraient pas s'ils doutaient un seul jour.

Édouard Hervé avait la foi. Il ne doutait pas. L'heure venue, ce croyant s'endormit de l'éternel sommeil, calme et plein de sérénité. Son âme chrétienne, fortifiée par l'étude et les méditations philosophiques, lui disait :

> Que cet heureux trépas, des faibles redouté.
> N'est qu'un enfantement à l'immortalité.

Une mort chrétienne couronna donc cette existence vouée tout entière au travail et l'hommage de toute la presse est là pour attester la pureté de la vie politique d'Édouard Hervé. Cet ambitieux avait rêvé de rétablir la Monarchie, et ainsi de rendre à la France le rang qu'elle avait eu en Europe sous la Monarchie. Les événements lui montrèrent l'inanité de ce rêve. Je crois pourtant que son œuvre ne fut pas sans résultat et qu'Édouard Hervé n'aura pas inutilement dépensé pour son pays et pour la cause de la Monarchie, qu'il identifiait avec celle de son pays, tout le trésor de sa féconde intelligence.

Hervé de Kerohant.

M. Édouard Hervé

M. Édouard Hervé était né en 1835, à Saint-Denis (île Bourbon, aujourd'hui île de la Réunion).

Son père, d'une famille d'origine bretonne, était né à Nancy en 1789. Très jeune, il débuta dans la presse locale et il était, en 1814, rédacteur en chef du journal la *Meurthe*. Patriote ardent, le jour de l'entrée des alliés à Nancy, il supprima le journal pour ne pas le faire paraître sous la surveillance de l'ennemi.

Il entra ensuite dans l'enseignement et devint professeur de mathématiques spéciales à l'île Bourbon. Il fit commencer à son fils aîné ses études dans la colonie, puis l'envoya à Paris, au collège Henri IV (alors collège Napoléon), dont il fut un des plus brillants élèves.

Au concours général de 1854, Édouard Hervé remportait le prix d'honneur de philosophie en même temps que deux prix de sciences, et, la même année, il entrait à l'École normale (section des lettres) avec le numéro 1.

Le numéro 2 était obtenu par M. A. Claveau, le critique dramatique et le « jeudiste » actuel du *Soleil*.

Peu après Édouard Hervé donna sa démission et entra à la *Revue de l'Instruction publique*, à laquelle il donna des articles littéraires, puis passa, en 1860, à la *Revue contemporaine*, où il fut chargé de la « chronique politique ». A cette époque, une grave maladie l'éloigna pendant trois années de la presse.

Il y rentra en 1863, en publiant au *Courrier du Dimanche* une série d'articles qui devaient consacrer sa réputation de journaliste.

L'année suivante, il faisait paraître au *Temps*, puis en 1865, à l'*Époque*, sous le pseudonyme de *Joseph Perrin*, d'autres articles qui furent trop remarqués, car l'administration impériale interdit à M. Édouard Hervé de collaborer à tous les journaux français. Cette mesure était prise juste au moment où M. Édouard Hervé venait d'acheter, avec son ami Weiss, le *Courrier français*. Du même coup, le *Courrier* fut suspendu. J.-J. Weiss était déjà entré au *Journal des Débats* ; M. Édouard Hervé devint le principal correspondant du *Journal de Genève*.

Ceci se passait vers la fin de l'Empire. Par ce qui précède, on peut voir que la presse n'avait pas précisément ses aises. Le gouvernement comprit cependant que le joug qu'il faisait peser sur les journalistes finirait par être secoué : et, le 19 janvier 1867, le *Moniteur*, alors journal officiel, publia une *Lettre Impériale* qui inaugurait un nouveau régime pour la presse.

Voulant profiter du bénéfice de ce régime, M. Édouard Hervé alla retrouver M. J.-J. Weiss, son ancien collaborateur du *Courrier du Dimanche*, et lui suggéra l'idée de fonder un nouveau journal. Comme on était à la veille de supprimer la formalité de l'autorisation, le ministre comprit qu'il n'y avait pas lieu de la refuser et, le 27 avril 1867, parut le premier numéro du *Journal de Paris*, dont M. Édouard Hervé devint bientôt l'unique directeur, M. J.-J. Weiss s'étant retiré du journalisme militant, pour devenir secrétaire général du ministère des beaux-arts.

Le gouvernement aurait peut-être désiré que M. Hervé imitât l'exemple de son ami. Il avait essayé de séduire le directeur du *Journal de Paris* en lui offrant une préfecture de première classe, celle de la Gironde, au moment de la formation du cabinet du 2 janvier 1870.

Au *Journal de Paris* écrivirent tout d'abord MM. Ferdinand Duval, Edmond Villetard, Francisque Sarcey, Ranc, Henry Fouquier, et plus tard MM. Louis Joly, Louis Teste, Jules Delafosse, Depasse. MM. Saint-Marc Girardin, Auguste Léo et Eugène Dufeuille y entrèrent à leur sortie du *Journal des Débats*.

M. Édouard Hervé cependant avait depuis longtemps une idée que la plupart de ses amis considéraient comme chimérique. Il cherchait à donner à la presse une extension nouvelle. Ce n'était pas tout de publier un journal, il fallait encore en rendre l'achat accessible au plus grand nombre : et c'est alors qu'il fonda le *Soleil* (5 février 1873).

A lui revient l'honneur d'avoir, le premier, lancé en France un grand journal quotidien politique à cinq centimes.

Au début, ce ne fut guère qu'un dédoublement du *Journal de Paris*. Mais en 1876, cette dernière feuille cessa de paraître, et elle fut définitivement remplacée par le *Soleil* dont le public a pu suivre les progrès, le développement et constater enfin l'immense succès.

M. Édouard Hervé resta à Paris pendant les deux sièges. Sous la Commune, le *Journal de Paris* ne cessa pas sa publication. Il publia avec plusieurs autres journaux une protestation collective contre les élections illégales. Il combattit pied à pied et jour par jour tous les actes de la Commune.

M. Édouard Hervé, après avoir failli plusieurs fois être arrêté, ne quitta Paris qu'en mai. Quelques jours après, le journal était supprimé par le parti révolutionnaire. Il reparut après la chute de la Commune.

En 1873, M. Édouard Hervé était nommé chevalier de la Légion d'honneur, et, en 1886, il remplaçait à l'Académie française M. le duc de Noailles. Car, malgré ses occupations multiples, le directeur du *Soleil* a écrit d'importants ouvrages historiques.

Il a publié, en 1869, *Une page d'histoire contemporaine*, remarquable étude sur les élections en Angleterre et les hommes d'État de ce pays, et nous a donné, en 1885, la *Crise Irlandaise depuis la fin du XVIIIe siècle*. A diverses reprises, il a écrit dans la *Revue des Deux Mondes*.

Enfin on n'a pas perdu le souvenir du beau et touchant discours qu'il prononça à l'Académie française en 1895 pour le prix Montyon, et de sa réponse, comme directeur de cette grande Compagnie, à M. Costa de Beauregard dans la séance de réception de celui-ci.

Ces notes biographiques seraient incomplètes, si nous ne mentionnions pas que M. Édouard Hervé fit partie du conseil municipal de Paris, de 1881 à 1884. Il y combattit le système de la laïcisation des écoles et des hôpitaux. C'est aussi à ce moment qu'il fit une campagne ardente pour la suppression des octrois et qu'il se livra à une enquête approfondie sur les logements ouvriers.

Au grand regret de tous ses collègues du conseil municipal qui rendaient justice à ses hautes aptitudes, à son libéralisme d'esprit, il ne demanda pas le renouvellement de son mandat. Mais il suivit toujours avec la plus vive sollicitude toutes les questions qui intéressaient ce Paris qu'il aimait tant, à la grandeur duquel il songeait toujours. Il ne le quittait guère que pour aller dans sa chère Vendée, à Montaigu, où il retrouvait les souvenirs de famille et où il travaillait dans le calme et le repos.

Il laisse des œuvres inachevées, mais pour lesquelles il a réuni tous les documents, rédigé toutes les notes nécessaires

M. Édouard Hervé, qui portait un si grand intérêt aux choses de la presse, était vice-président du comité de l'Association des journalistes parisiens depuis la fondation de cette société.

Le Soleil

C'est sous une impression des plus pénibles que je suis dans l'obligation d'écrire, au courant de la plume, ces quelques lignes, à propos du triste événement qui vient de frapper brusquement la famille de notre directeur politique et toute la rédaction du *Soleil*. M. Édouard Hervé, malade depuis quelque temps, a succombé, d'une façon presque inopinée, en pleine possession de sa grande intelligence, mais miné sourdement par un mal impitoyable qui a pris spontanément des proportions presque foudroyantes. C'est à ma qualité de doyen de la rédaction de ce journal, que je dois le pénible honneur d'adresser ici, au nom de tous, le dernier adieu à un homme éminent, près de qui j'ai travaillé pendant un peu plus d'un quart de siècle, qui fut pour moi un maître autant qu'un ami, et pour nos camarades de la rédaction qui l'approchèrent, le meilleur et le plus cordial des directeurs.

M. Édouard Hervé était journaliste dans l'âme. Comme tant d'autres de ses pairs qui se destinaient à l'Université, après avoir passé quelques mois à l'École normale supérieure, où il était entré premier, il se sentit attiré vers la presse, et cela en un moment où le journalisme n'était pas commode. Mais aussi quels journalistes furent ces hommes-là, les Weiss, les Prévost-Paradol, les Villetard, les Assolant, etc., qui luttèrent, dans des temps difficiles, et savaient dire ce qu'il fallait, sans brutalités et sans violences. C'était alors un art, que le journalisme, et qui exigeait autant de culture d'esprit que de savoir et d'adresse. Parmi toute cette élite, M. Édouard Hervé brillait par la clarté de son style et la précision de son jugement, comme il brilla, un peu plus tard, par le courage civique, lorsque, après notre écrasement, il continuait de publier le *Journal de Paris,* sous l'œil de la Commune qui le guettait et n'eût pas mieux demandé peut-être que de le compter au nombre de ses otages. C'est là une page de sa vie qui ne saurait être passée sous silence, et qui l'honora, autant que son rare talent. Libéral dans toute l'acception du mot, mais conservateur sans restrictions, il ne se trompa jamais sur les destinées de la troisième République et prévoyait depuis longtemps la chute progressive, mais qui lui semblait inévitable, d'une forme de gouvernement qui, depuis une vingtaine d'années, ne vit que par des miracles d'équilibre, sinon de prestidigitation.

Homme d'expérience et de bon conseil, ses amis politiques ne manquaient jamais de le consulter dans les situations critiques et difficiles, quitte à le tenir éloigné lorsque, grâce à ses sages avis, quelques difficultés se trouvaient aplanies ou supprimées. M. Édouard Hervé en souffrit beaucoup, sans se plaindre. Les récriminations ne convenaient point à sa nature élevée, et il n'en restait pas moins fidèle à son passé et aux convictions de toute sa vie. Les déceptions morales ont ceci de particulier qu'elles exercent souvent, sur les organismes les plus robustes, une action néfaste et dissolvante qui se manifeste à la longue, sans que les collaborateurs de tous les jours puissent en apercevoir l'intensité et les progrès. Homme politique qui aurait dû trouver sa place dans tous les Parlements dignes de ce nom, le suffrage universel parisien ne voulut pas comprendre quels services il pouvait rendre dans une Assemblée politique, ce qui ne l'empêcha jamais, d'ailleurs, de jouir de l'estime de ses plus ardents adversaires.

Cependant, une compensation lui était réservée : en 1886, l'Académie française lui donnait la succession du duc de Noailles, et consacrait ainsi toute une carrière, déjà longue, de journaliste lettré, qui fut et qui resta, jusqu'à son dernier jour, l'honneur de la presse. C'est une perte inappréciable pour celle-ci, et cette mort prématurée ne laissera pas de faire un grand vide parmi les journalistes de l'ancienne roche, — ils sont de plus en plus rares, — qui eurent le souci de leur plume et le respect de leur profession. Maintenant qu'il est disparu, partout on rendra justice à son talent et à son caractère; mais nul ne saura, comme ceux qui l'ont approché et qui se formèrent à son école et à ses conseils, les trésors d'affection et de bonté qu'il cachait, involontairement, sous des dehors un peu froids. C'est tout ce qu'il est permis de dire, au moment même du deuil qui nous frappe si durement tous, dans ce journal, et d'autant plus poignant qu'il était inattendu. Puisse notre unanimité douloureuse apporter quelque consolation à ceux qui le pleurent et qui sont si cruellement éprouvés !

Charles Canivet.

Le Soleil

Dans le monde, dans la presse, l'émotion, la douleur causées par la mort prématurée du maître que nous pleurons, qui absorbe toutes nos pensées, est profonde. Dans la rue, dans les endroits publics, ce sont des négociants, des industriels, des ouvriers même qui vous abordent pour vous exprimer la part qu'ils prennent au douloureux événement dont Paris s'entretient exclusivement : « Et comment, monsieur, dans toute la force de l'âge! Quel malheur! Un si brave homme! Ah! ce sont d'honnêtes gens comme lui, qu'il nous faudrait pour mener nos affaires! » Pas une parole discordante, en un mot, dans cette explosion de regrets sincères, spontanés, où la foule parle avec son cœur, guidée par son bon sens. Instinctivement, elle sent que la France fait une perte irréparable, que celui qui disparaît, écarté par les circonstances du maniement des affaires, n'avait pas occupé la situation à laquelle l'appelaient ses aptitudes exceptionnelles. Quel rôle n'aurait-il pas joué au Parlement, et quelle action salutaire n'aurait-il pas exercée dans la direction de nos affaires extérieures, qu'il connaissait si bien, qui étaient sa préoccupation constante! Doué d'un talent oratoire qui rappelait les grandes époques de la tribune, que de fautes il aurait évitées, et quel bien il aurait pu faire à son pays dans ces temps d'incertitudes, d'égarements et d'hésitations! Voilà ce qu'a bien compris la foule, ce qu'il faut dire, parce que c'est à son honneur et à celui dont les dernières pensées ont été pour sa patrie, menacée au dehors et au dedans.

Dans la Presse, on le lira plus loin, c'est également une manifestation d'affliction, à laquelle se joint un hommage unanime pour le grand écrivain, le journaliste impeccable, fidèle à sa foi, et qui, à travers les discordes, les polémiques, a su se tenir au-dessus des questions de personnes et n'envisager que l'intérêt national. Dans notre corporation si mobile, si capricieuse, si impressionnable pourtant, M. Édouard Hervé apparaissait comme le type parfait du publiciste indépendant, ne sacrifiant jamais rien à ses vues, à ses idées, tenant haut et ferme le drapeau de cette profession si calomniée, et aussi quelquefois exercée par des indignes et des malfaiteurs. Tous ceux qui tiennent une plume lui savaient gré de sa dignité, de sa bienveillance inaltérable dans les rapports confraternels, du souci avec lequel, quand l'occasion se présentait, il payait de sa personne pour défendre les droits de la Presse, son indépendance, cette liberté de penser et d'écrire qui fut la dominante de toute sa vie, qui le rapprochait de tous ceux qui dans des camps opposés avaient sur ce point le même amour que lui.

Journaliste, il l'était avec passion. Son journal, c'était, après son foyer, le sanctuaire où il se complaisait à vivre. Il était l'objet de toutes ses préoccupations et rien de ce qui concernait cette œuvre qu'il avait créée, dont il était l'âme et l'esprit, ne le laissait indifférent. Je puis dire qu'il en fut pendant vingt-six ans l'inspirateur, mais aussi le lecteur le plus assidu et le plus minutieux. A son fonctionnement, il s'intéressait comme un dilettante, et aussi comme un spécialiste qui n'ignore aucun de ces détails si compliqués de la publication d'une grande feuille quotidienne. Avec quelle sollicitude il se préoccupait de la vie, de l'installation des ouvriers, du travail du personnel, songeant à ceux qui étaient malades, que le malheur avait frappés ! Quant à ses collaborateurs de tous les jours, il se montrait affectueux, prévenant, leur indiquant discrètement le sujet à traiter, rectifiant doucement les erreurs commises, signalant les écueils, encourageant les talents naissants qu'il aimait. Quel maître ! Et comme, grâce à lui, les horizons s'éclaircissaient, on suivait la marche des choses, on en pénétrait les secrets.

Hélas ! nous ne le verrons plus au milieu de nous, quand, familièrement, il venait s'asseoir à la place la plus modeste, pour ne déranger personne. Alors il se laissait aller à des sortes d'épanchements familiers qui se transformaient peu à peu en de délicieuses conférences. C'étaient des trésors d'érudition, de connaissances sur l'histoire, sur la politique, sur les finances, qu'il dépensait pour nous. Que n'avons-nous pu, à mesure qu'elles se produisaient, sténographier ces causeries, qui constitueraient comme un manuel précieux pour l'exercice du journalisme. La mesure, l'impartialité avec laquelle il parlait des hommes était une leçon à méditer. La fidélité de ses affections aussi pour ceux avec lesquels il avait jadis combattu devenait un enseignement éloquent. Enfin, c'était plaisir de lui entendre expliquer comment se faisait un bon article, le soin qu'il fallait y apporter pour être clair, précis, pour intéresser ce lecteur dans la peau duquel il savait si bien se mettre. Le plus simple fait divers provoquait souvent son attention et nous valait de ces échappées primesautières, d'un esprit du plus fin, du plus délicat, entremêlées de souvenirs, d'anecdotes, de portraits, d'appréciations sur le passé et le présent. Comme ces visites toujours impatiemment attendues nous manquèrent quand la maladie commença à l'éloigner de nous et que le téléphone ne nous révéla plus qu'il songeait à se mettre, comme toujours, en communication avec son journal, même lorsqu'il était au loin. C'en était fini donc de ces récits sur sa jeunesse, sur ses commencements, auxquels il se plaisait tant, sur ce collège Henri IV où il avait été élevé, dont il fut l'honneur. Comme il aimait à y revenir, à nommer ses professeurs, ses condisciples! Dans les derniers jours de cette cruelle maladie qui nous l'a ravi, le touchant mortellement au cœur, lorsque le chrétien fidèle et convaincu voulut remplir les devoirs de sa foi, c'est M. l'abbé Vallet, le vénérable aumônier du vieux lycée où l'imagination des enfants se forme entre les souvenirs de Clovis, de Sainte Clotilde et de sainte Geneviève, qu'il fit appeler. Et là, dans ce suprême tête-à-tête avec l'homme de Dieu, le penseur manifesta immédiatement sa ferme volonté de se confesser et de recevoir l'extrême-onction. Puis, oubliant ses souffrances, étouffant les plaintes qu'elles pouvaient lui arracher, il suivit les prières, répondit en latin, récitant les litanies et les psaumes en même temps que le prêtre, qui ne pouvait dissimuler son admiration pour tant de piété et de ferveur. Chaque fois que le mot de *Pax* revenait sur les lèvres de l'abbé Vallet, celui qui se disposait si tranquillement à quitter le monde, l'accentuait avec force. Suprême souhait d'un penseur, d'un patriote et d'un chrétien!

C'était avec des larmes dans les yeux qu'un témoin me décrivait tout à l'heure ce tableau d'une chambre de mourant parée, selon la volonté de celui-ci, pour la célébration du sacrifice d'une messe de minuit, avec pour assistance toute sa famille : Mme Édouard Hervé, son fils M. Philippe Hervé, sa fille et son gendre M. le comte et Mme la comtesse de Grenaud, son frère, notre cher rédacteur en chef, des domestiques qui l'aimaient comme un bon maître, doux aux petits, tous étaient là. Que d'espérances encore dans les prières qui s'élevaient vers le ciel! Elle n'ont pas été exaucées... Sur ce lit où il recevait la communion au seuil de l'année nouvelle, il repose maintenant dans le calme et la sérénité de la mort. Ses collaborateurs, ses amis ont été admis à le contempler une dernière fois. Mais ce que je veux conserver intact dans ma mémoire, c'est le visage animé, les yeux expressifs du maître qui nous commandait hier, alors, qu'il respirait la vie.

FURETIÈRES.

Le Figaro

On enterre, ce matin, un homme à qui la fortune a souri, à qui l'estime, la considération, les honneurs n'ont pas manqué, — puisqu'il fut de l'Académie française, — et qui, cependant, n'a pas rempli sa destinée. Même dans l'éloge unanime que décernent aujourd'hui les journaux à ce maître journaliste, même dans l'éclatante justice qu'ils rendent à son caractère et à son talent, il y a une lacune. Ce qu'ils disent d'Édouard Hervé est vrai, mais ce n'est pas seulement cela qu'il a été ou qu'il aurait dû être. Peu d'hommes l'ont connu, plusieurs l'ont méconnu parce qu'il ne se livrait pas volontiers; mais parmi ceux qui l'ont approché, parmi ses rares intimes, il n'en est pas un seul qui, le jugeant à sa valeur, ne l'ait mis plus haut que sa fonction de journaliste ou de conseiller politique, et n'ait démêlé, chez cet esprit supérieur, la douloureuse inquiétude, le patriotique regret d'une force perdue.

Non, la haute intelligence d'Édouard Hervé n'a pas été appliquée par son pays, ni même par son parti, aux fécondes besognes pour lesquelles il était né. Il a honoré et servi la presse, la nature l'avait créé pour honorer et servir l'État. Sa politesse et son calme, cette absolue sérénité qu'il gardait au plus fort des crises, l'ont fait considérer comme un contemplatif; il était, dans toute la force du terme, un administrateur et un homme d'action.

Je l'ai suivi, pas à pas, dans toutes les phases de sa vie, et c'est au nom d'une amitié d'un demi-siècle, c'est en mémoire de cette cinquantaine sans nuage que j'essaye, en ce moment, non sans faire violence à ma douleur, de lui rendre sa vraie figure et de le remettre à sa vraie place.

* * *

Édouard Hervé a été pendant trente-cinq ans un homme d'État disponible et inemployé. Je passe rapidement sur les détails biographiques, sur les particularités, même les plus saillantes, d'une jeunesse studieuse qui montra vite quel serait son avenir, *si qua fata aspera...*, si une fatalité ne barrait la route à ses légitimes ambitions. On a rappelé ses extraordinaires succès de collège, qui ne furent égalés depuis que par ceux de Raoul Frary et de Théodore Reinach. Je ne reviens pas sur cette prestigieuse entrée dans la vie qui semblait lui promettre un si vaste champ. Il me suffira de dire que ce normalien, que ce « fort en thème », était fort en tout, le plus fort, le premier, aussi bien dans les sciences que dans les lettres. En philosophie, il décrochait, sans aucune peine, au concours général, le prix de dissertation française, le prix d'honneur; mais il avait en même temps le prix de mathématiques et le prix de physique. Cette universalité est tellement rare, que les aînés d'Hervé, Prévost-Paradol, About, Sarcey, J.-J. Weiss et Taine lui-même, malgré la tournure si vraiment scientifique de son esprit, n'y ont jamais prétendu.

On sait qu'il entra le premier à l'École normale : ce que l'on sait moins, c'est qu'il en sortit le premier, mais non pas comme on l'entend d'ordinaire. Il ne put supporter le régime étouffant auquel nous soumettait le second Empire, et qui ne cessa qu'après l'arrivée à l'École de Nisard et de Sainte-Beuve. Il rompit son ban dès la première année, jeta le froc universitaire aux orties et se lança résolument dans la politique, non toutefois sans continuer, pour vivre, son métier de professeur libre, car ce fut alors qu'il enseigna le latin et l'histoire à M. Casimir-Perier, président de la République démissionnaire. Il avait tout juste vingt ans, mais la politique était chez lui une vocation printanière.

J'ai dit qu'il *s'y lança*. Appliqué à Hervé, le mot est nécessairement impropre. Hervé, même à vingt ans, ne se lançait point. Rien de heurté chez ce jeune homme, rien de désordonné dans son attitude ou ses mouvements. Il se contentait d'aller son pas et d'exécuter avec modestie un dessein dès longtemps arrêté. Il aimait d'instinct la politique, — je doute que cet amour l'ait accompagné jusqu'au tombeau, — et, après avoir mesuré les chances qu'elle lui offrait, il décida d'y faire son chemin.

Ce n'était pas chose facile, à l'aurore d'un régime qui était loin de répondre à son idéal et qu'une évidente prospérité défendait alors victorieusement contre les attaques de ses ennemis. Cependant Hervé n'hésita point. Les résolutions hardies n'effrayaient point ce soi-disant timide. Il résista même à certaines avances flatteuses de l'Empire libéral. Il n'avait point pris la politique comme une ressource, mais comme un art pour lequel il se sentait une aptitude marquée. Il était, au collège, un enfant, presque un homme politique, un peu trop sérieux pour son âge, étonnant ses maîtres par sa solidité, les stupéfiant de temps à autre par quelques éclairs précurseurs qui font dire d'un adolescent : « Il ira loin ! »

A dix-huit ans, il avait pris parti sur toutes les questions; il avait son opinion faite, et il n'en a pas changé. Il était pour la Monarchie parlementaire et pour la Constitution anglaise, avec retouches. Lorsqu'on nous parlait des grandes discussions de l'Assemblée constituante et qu'on nous expliquait que le régime anglais avait alors chez nous trois partisans illustres, Mounier, Lally-Tollendal et Malouet, nous répondions en chœur : « Et Hervé! »

Personne, même parmi les professeurs, ne comprenait aussi bien que lui le mécanisme de ce gouvernement bizarre où se combinent, sans explosion, les explosifs qui font sauter les continents. Il fallait, dans un couloir de l'École, l'entendre parler de Guillaume III, des deux Pitt, de Burke, de Fox, de Sheridan, de Castlereagh, de Robert Peel et de Palmerston. Je crois pouvoir affirmer que, dans ces derniers temps, il ne mettait ni lord Salisbury ni lord Chamberlain à la hauteur de ces grands hommes.

Des idées si nettes et si fixes, quand elle ne sont point une pose, révèlent une maturité précoce. A l'âge respectable où je suis parvenu, je n'en ai pas vu d'aussi hâtive que celle d'Hervé. Et jusqu'à la dernière heure il est resté lui-même, en face de ses illusions perdues et de ses espérances détruites. Ma dernière conversation avec lui me l'a montré tel que je le voyais à ses débuts, l'Hervé des anciens jours, dont la voie semblait toute tracée et dont l'avenir se dessinait en traits de feu à tous les regards. Même fatigué, même courbé par l'âge et la maladie, c'était toujours celui à qui nous prédisions une grande destinée prochaine; celui dont nous proclamions qu'il serait, au sortir du collège, ministre ou ambassadeur, plutôt ambassadeur, et qu'il ne pouvait être autre chose, ni moins.

* * *

Quarante ans ont passé sur cette camaraderie qui se croyait clairvoyante, et Hervé n'a été ni ambassadeur, ni ministre, ni conseiller d'État, ni même député; c'est à peine s'il a été un instant conseiller municipal, bientôt dégoûté et remplacé. C'est même, pour le dire en passant, la seule faiblesse que je lui ai connue : il se dégoûtait trop vite! Il n'admettait pas qu'en politique il fallut retrousser ses manches et mettre la main à la cuisine. Je l'ai quelquefois regretté pour lui. Faut-il vraiment le regretter? Lorsque je maudissais ce mauvais destin qui l'écartait des grandes affaires et des grandes charges, il ne m'est pas prouvé que j'avais raison. A quoi lui eût servi, je vous le demande, d'être ambassadeur comme Prévost-Paradol ou président du conseil comme le duc de Broglie?

Il n'en est pas moins curieux de rechercher pourquoi Hervé, ainsi préparé et muni, Hervé, spécialiste politique, indiqué, désigné, n'est pas arrivé plus vite et plus haut. Ne vous creusez pas l'esprit, c'est bien simple : il était conservateur! Oh! conservateur libéral, très libéral, mais enfin conservateur, enrôlé dans le parti et marqué de l'étiquette.

Or, le conservatisme ne rend point, même lorsque, par hasard, il triomphe. Hervé républicain, Hervé démocrate eût certainement représenté la République française à Vienne ou à Londres. Hervé conservateur a langui, attendu. Il a dépensé en pure perte sa vigueur et sa sève; pour qu'on ne pût pas pas dire qu'il n'était rien, ses amis en ont fait un académicien. Il a prononcé à l'Académie, en l'honneur du duc de Noailles, son prédécesseur, un admirable éloge de Mme de Maintenon. Il a expliqué, dans une phrase très heureuse, qu'elle avait empêché Louis XIV d'être Louis XV; mais, en vérité, il méritait mieux.

Est-ce à dire qu'on dédaignât les qualités essentielles dont il donnait chaque jour la preuve dans les délibérations capitales? Nullement. On déclarait à tout venant qu'il était fait pour diriger et pour commander, on lui rendait d'éclatants hommages platoniques; seulement, on ne l'utilisait qu'à moitié.

Je suppose qu'on le trouvait « incommode », c'est-à-dire

indépendant. Voilà sans doute pourquoi on le laissait à l'écart, comme un avocat consultant dont on veut bien solliciter les conseils, mais qu'on ne tient pas à voir sortir de son cabinet. On le prônait beaucoup, on s'en allait, — hors de France parfois, — discuter avec lui les plus grands intérêts du parti, mais on le laissait journaliste comme devant, et même sur ce terrain, ses amis s'évertuaient à lui créer des concurrences. Il a dirigé le *Journal de Paris*, il a fondé le *Soleil*, il a été le maître incontesté, après Guéroult, de l'article en quarante lignes, du résumé qui caractérise une situation ou qui ferme une crise; mais la distance reste énorme entre ce qu'il a donné et ce qu'on attendait de lui. Son actif n'a jamais égalé son crédit.

Il est mort sans revanche, découragé peut-être, mais non point aigri. Je suis bien convaincu que, même joint à ses souffrances personnelles, le spectacle qu'il a eu sous les yeux depuis quinze mois n'a pas altéré une minute la sûreté de son jugement. Il haïssait, il méprisait tous les fanatismes. Je tiens de lui-même le mot qu'il dit un jour à une dame de son monde qui réclamait l'expulsion des Juifs : « Oui, madame, c'est parfait! Seulement l'expulsion est contagieuse. On expulse les Juifs à dix heures, les protestants à midi, et les catholiques à quatre heures! » Il avait surtout horreur de la persécution et de l'injustice.

Je ne voudrais pas faire de comparaison inconvenante; mais, sans outrer le rapprochement; je me figure qu'il a joué en quelque sorte, sur les sommets du parti conservateur, le rôle un peu latéral qui, dans la tentative de restauration monarchique, fut celui du plus intelligent, du plus Français des membres de la famille d'Orléans, un artiste, un soldat, un prince! non point opposant, si vous voulez, dévoué même de cœur et d'âme, mais réservé et visiblement en dehors.

Jamais Hervé n'eut l'idée de marquer, plus que de raison, ses dissentiments, encore moins ses ressentiments. Discret et contenu par tempérament autant que par volonté, il savait dissimuler même ses doutes, quand il jugeait superflu de les exprimer. Il osait à peine s'en faire la confidence à lui-même; ce n'était pas pour la faire aux indifférents. Nul ne peut se flatter de l'avoir jamais reçue. Il avait si peu de goût pour l'expansion excessive, qu'on l'a quelquefois accusé de décourager l'amitié elle-même, laquelle demande un peu de chaleur et, pour ainsi dire de dégel. On se trompait. Ceux qui ont vécu dans son milieu, ou dans ses environs, ne l'ont pas toujours trouvé ami intime, ils l'ont toujours trouvé ami fidèle, serviable, d'une sûreté de relations à toute épreuve, tenant plus qu'il ne promettait et digne, en tout point, de la plus profonde et de la plus inaltérable réciprocité.

J'ai bien le droit de le dire, moi qui pleure en lui, à cette heure, mon ami d'enfance, mon ami de collège, mon ami d'école, mon ami de journal, mon plus cher et mon plus vieil ami.

A. Claveau

L'Autorité

Nous publions plus loin les détails biographiques sur Édouard Hervé; mais nous ne voulons pas nous borner à une simple nécrologie d'un confrère aussi éminent.

Édouard Hervé a d'autant plus de droits à nos hommages que, ne partageant pas nos préférences dynastiques, il fut toujours un contradicteur loyal et courtois.

Sous l'Empire, il fut un adversaire du régime impérial; mais son opposition, toute doctrinale, ne s'attaquant jamais aux personnes, acquit une très grande force, en raison même de la forme modérée et sincère dont il la parait. Écrivain de race, d'une culture raffinée, ses critiques, même les plus acérées, semblaient s'appliquer à s'amortir dans la coquetterie dont il les enveloppait.

Le régime actuel le retrouva sur la brèche, inébranlable dans ses convictions, fidèle à ses principes, dédaignant les avances, les cajoleries faites à son talent. La république se fût fait une fête de l'avoir avec elle : il dédaigna ses caresses et demeura jusqu'au bout inaccessible à tous les assauts, se devant à lui-même, à sa haute probité, à son noble loyalisme, de mourir comme le lierre, là où il s'était attaché.

Fondateur du journal le *Soleil*, Édouard Hervé n'occupera pas seulement dans les annales de la presse la place éminente à laquelle lui donnent droit ses qualités littéraires et sa valeur politique, qui furent de premier ordre; il laissera aussi le souvenir d'un esprit plein de ressources et d'une intelligence très sagace, car ce fut lui le premier qui osa accomplir, dans le grand format de quotidien à un sou, la révolution que, longtemps avant lui, Émile de Girardin avait tentée dans la presse à quinze centimes.

Édouard Hervé possédait par-dessus tout une qualité : il était un grand modeste. Chacun rendait hommage à sa haute valeur, à l'élévation de son caractère ; lui seul se complaisait à demeurer à l'écart, fuyant la réclame et le bruit.

Dans le journalisme contemporain, il laissera le souvenir d'un maître écrivain, d'un homme aimable, courtois et distingué, d'un confrère bienveillant, d'un polémiste estimé et vénéré même de ses adversaires.

De tels hommes ont droit plus qu'à des éloges : ils s'en vont environnés des regrets de tous ceux qui les ont connus, accompagnés avec émotion de la sympathie des autres.

Paul de Léoni.

Le XIXe Siècle

Tard dans la soirée, nous arrive une douloureuse nouvelle. Notre illustre confrère, M. Édouard Hervé, membre de l'Académie française, directeur du *Soleil*, est mort.

Nous savions M. Édouard Hervé très gravement atteint; mais nous voulions espérer que le fatal dénouement, désormais inévitable, pourrait encore être retardé.

Nous saluons avec une émotion respectueuse, le grand honnête homme qui disparaît.

M. Édouard Hervé n'était pas « des nôtres », c'est-à-dire qu'élevé dans la foi catholique et monarchiste, il resta jusqu'au bout fidèle à ses convictions; mais, de même qu'au-dessus des patries, il y a, pour les hommes assez grands pour pouvoir regarder au delà des frontières, l'humanité; au-dessus des opinions politiques et religieuses, il y a pour les intelligences libres, les régions sereines et pures de la pensée. Tels qui, à ras terre, sont divisés quant aux moyens à employer et au but à atteindre, se rencontrent, plus haut, quand il s'agit de probité, quand il s'agit d'honneur. Et, pour notre part, loin, certes, de reprocher à M. Édouard Hervé son inébranlable attachement à des principes que nous discutons, à des doctrines que nous n'admettons pas, à des dogmes que nous repoussons, nous l'honorons au contraire, grandement, d'avoir donné l'exemple, si rare, à notre époque, d'une obstination d'autant plus respectable, qu'elle était plus désintéressée.

Désintéressée!... On saura peut-être quelque jour, ce qu'il a fallu de dévouement silencieux, de muette abnégation à M. Édouard Hervé, pour rester fidèle à une cause qu'il sentait perdue, qu'il voyait chaque jour compromise davantage par ceux dont les conseils étaient, préférablement aux siens, écoutés et suivis; on saura, nous l'espérons, car ce sera une page instructive de notre histoire intime, de quelles amertumes, et nous ne craignons pas de dire : de quels dégoûts, fut abreuvé ce royaliste par d'autres royalistes qui, se croyant plus habiles, plus « modernes » que lui, parce qu'ils étaient simplement moins scrupuleux, s'efforçaient d'éloigner cette haute et droite conscience qui les gênait; on saura — à moins que les héritiers de sa pensée ne considèrent comme un devoir envers lui d'observer le même fier et digne silence dans lequel il est mort — combien il a souffert au spectacle de la déchéance progressive de cette idée monarchique qu'il eût voulu grandir, purifier, anoblir, et qui s'abaissait sans cesse, qui n'est plus rien aujourd'hui.

On sait déjà quelle douleur il éprouva lorsque le parti auquel il donnait l'inestimable concours de sa plume éloquente et de sa haute honnêteté, se rangea à la suite d'un général de hasard; et ce que nous sommes en droit d'affirmer, c'est que, malade déjà, et tenu forcément éloigné du journal qu'il avait si longtemps animé de son cœur et de son talent, il approuva sans réserves son frère, M. Hervé de Kérohant, le rédacteur en chef du *Soleil*, d'avoir, au lendemain de la révélation du faux Henry, réclamé, à voix sonore, l'indispensable revision du procès de 1894, et, un peu plus tard, d'avoir, plaçant au-dessus de tout la Vérité, la Justice et l'Honneur, écrit son nom sur les listes qui protestaient, au nom de la conscience publique indignée, en faveur du colonel Picquart.

Nous ignorons quelles paroles pourront trouver, demain,

pour ensevelir M. Édouard Hervé, les royalistes qui se féliciteront tout bas d'être délivrés de lui et quelles larmes hypocrites ils répandront sur le cercueil de celui dont on peut dire qu'il fut le dernier gentilhomme de la monarchie française; nul hommage assurément ne sera plus loyal, plus vrai que le nôtre. — Et, le cœur serré par la nouvelle de cette mort — perte cruelle pour le journalisme français, pour les lettres françaises, pour la France — nous prions ceux que M. Édouard Hervé laisse derrière lui, nous prions son frère, son élève de jadis, son ami de toujours, son digne continuateur aujourd'hui, de recevoir le témoignage de notre profonde et sincère sympathie.

Lucien VICTOR-MEUNIER.

L'Événement

Celui qui vient de mourir comptera parmi les maîtres les plus éminents du journalisme, parmi ceux qui rehaussent et honorent la profession. Il fut l'adversaire opiniâtre, intraitable de la République, et cependant les démocrates sincères doivent lui rendre hommage; car ce royaliste impénitent pratiqua dans la presse, avec une rare noblesse, les mœurs de la liberté. Par malheur, il ne réussit point à les acclimater. La violence s'est déchaînée et triomphe.

Édouard Hervé est un créole de la Réunion, fils d'universitaire, universitaire lui-même, du moins à ses débuts. En 1854, à dix-neuf ans, il obtenait au concours général le prix d'honneur de philosophie, et entrait à l'École normale, le premier de sa promotion, dans la section des lettres. Il y trouvait, vivaces encore, les souvenirs d'Edmond About, de Prévost-Paradol, de J.-J. Weiss, d'Hippolyte Taine, de Francisque Sarcey et *tutti quanti*, qui venaient de s'évader de la rue d'Ulm vers le journalisme et vers la gloire. Il suivit leur exemple, refusa une chaire, dédaigna l'agrégation et s'arma d'une libre plume. Un normalien de plus était enrégimenté dans la presse.

Celle d'il y a quarante ans, il faut en convenir, valait mieux que celle d'à présent. Sans s'ériger en sacerdoce, elle avait le souci de sa dignité. On discutait, au lieu d'invectiver. Les polémiques étaient des controverses courtoises, et non point des coups de trique. Un écrivain ne se croyait pas obligé de faire le matamore ou le capitaine Fracasse. En ce point, le régime de la pleine indépendance, de la licence sans frein, n'a nullement servi les intérêts ni relevé la moralité du journalisme. Le droit de tout dire a provoqué une débauche de grossièreté, un débordement de pornographie. Le vocabulaire des halles a élu domicile en une certaine presse. La palme appartient au plus offrant dans la surenchère de l'injure.

Nos devanciers, vers 1860, entendaient d'autre sorte leur métier et leur devoir. Tenus en lisières par l'obligation du cautionnement et par une réglementation rigoureuse, ils s'évertuaient à écrire avec esprit pour une clientèle attentive et délicate. On procédait à un siège méthodique de l'Empire, sous formes d'allusions malicieuses, et l'on était compris. Beulé empruntait à Suétone l'*Histoire des douze Césars*. Des vérités cinglantes, dites à mi-voix, s'entendaient à demi-mot.

Édouard Hervé fut l'un des plus habiles entre ces journalistes discrets et diserts qui, sous couleur de lancer des confetti par un jour de carnaval, criblaient le gouvernement impérial de flèches barbelées. Il collabora à toutes les feuilles d'opposition parisiennes, que les libéraux rédigeaient avec les démocrates. Dès cette époque, il avait le tempérament d'un parlementaire orléaniste. Le *Courrier du dimanche*, où l'arc-en-ciel politique allait de J.-J. Weiss à Ranc, mit au plein jour le talent malicieux et mordant d'Édouard Hervé. L'administration voulut le réduire au silence et lui interdit toute collaboration aux journaux français. Il se réfugia dans le *Journal de Genève*, tribune libre et indépendante dressée la frontière.

Vers 1869, lorsque les impatients, tels que Weiss et Prévost-Paradol, se jetèrent sur un secrétariat général du ministère des beaux-arts ou sur une ambassade,

Édouard Hervé ne demanda ni n'accepta rien. Il avait trop de flair pour monter dans le vieux bateau, à l'heure où les rats en sortaient. Il se contenta d'éviter le contact des républicains irréconciliables et d'évoluer vers les purs royalistes. Le *Journal de Paris*, dont il avait la direction, effectua cette manœuvre et, au lendemain des événements de 1870, devint l'organe quasi-officiel du centre-droit et de la monarchie constitutionnelle.

Il convenait cependant à Édouard Hervé pour mener sa campagne véhémente contre Thiers et les Républicains, d'avoir un organe populaire, à bon marché. Il fonda le *Soleil*, grande feuille politique à cinq centimes, qui vécut d'abord côte à côte avec le *Journal de Paris* et finit par l'absorber. Là, durant un quart de siècle, se brassèrent avec conviction toutes les stériles entreprises de restauration monarchique : la visite du comte de Paris à Frohsdorff, qu'Édouard Hervé salua comme la « réconciliation de la maison de France », puis l'équivoque tentative du septennat, enfin le coup d'État du 16 mai. Autant d'efforts, autant d'échecs.

Le rédacteur en chef du *Soleil*, quelle que fut l'amertume de ses désillusions, ne déserta pas la lutte. Vainement l'insuccès de sa candidature, tour à tour dans le Pas-de-Calais, à Paris au scrutin de liste et d'arrondissement et dans les Bouches-du-Rhône correspondait à l'arrondissement graduel et à l'intime désarroi du parti royaliste : Édouard Hervé voulait espérer contre toute espérance. Les divers ministères républicains, mais surtout celui de Jules Ferry, les différentes réformes élaborées, mais plus particulièrent les lois scolaires, rencontrèrent en lui un adversaire infatigable. Il ne quitta pas la brèche, aussi longtemps que sa santé lui permit de tenir une plume, et il déploya dans ses polémiques, ardentes mais courtoises, les ressources d'un talent qui s'imposait au choix de l'Académie française. Elle consola Édouard Hervé de n'avoir pu franchir le seuil du Palais-Bourbon.

C'est dans les dernières années que nous l'avons connu, après avoir longtemps suivi et vivement admiré la verte vigueur des articles où il excellait à réconforter la foi des rares orléanistes. L'homme n'était pas exactement à l'unisson de ses écrits. Il avait l'abord un peu réservé, l'air plutôt mélancolique et taciturne. La probité de son caractère méritait une meilleure fortune, il n'avait pas entièrement rempli sa destinée. Sur son visage glabre passait un reflet de tristesse, sur ses lèvres un pâle sourire désenchanté. Une perruque brunâtre encadrait médiocrement le visage. Mais dans les yeux luisait la vie intense, pétillait la flamme, apparaissait la bonté. Il pratiquait l'indulgence pour autrui, la sévérité pour lui-même. Son souci constant était de ne point offenser grièvement les personnes, tout en combattant les doctrines. Il eût put laisser son aiguillon dans la plaie, il ne le voulait pas. Sa conscience était dirigée par des opinions, et non point enfiévrée par des colères. De là les sympathies et l'estime que généralement il suscita, de là le témoignage que peut lui rendre, sans banale complaisance d'oraison funèbre, un de ceux qui étaient et qui restent à l'opposite de ses convictions politiques, religieuses et sociales.

Albert Le Roy.

L'Écho de Paris

La mort de mon ami, M. Édouard Hervé a évoqué, mélancoliquement, le souvenir de ma jeunesse. Pendant ses obsèques, très recueillies, encore que l'impression en fût gâtée par la mise en scène trop moderne de nos églises sans mystères, éclairées par des becs Auer, je me revoyais avec lui, à vingt ans, dans mon jardin, devisant sous une treille, au dessert d'un déjeuner allongé par la causerie. Nous nous disions nos ambitions qui, ni pour lui ni pour moi, ne furent réalisées. Les miennes, je dois l'avouer, étaient un peu multiples et flottantes. Les siennes étaient fixées et restèrent immuables. Il avait vocation d'homme d'État. Son énergie et sa volonté, qui étaient grandes, furent mises au service de cette vocation. Néanmoins son vœu resta stérile. Non que sa vocation fût une fausse vocation, une de ces illusions qu'on se fait parfois sur ses propres mérites et qui créent tant de « fruits secs ». Il avait toutes les qualités nécessaires à l'emploi qu'il eût voulu tenir dans son pays ; et, chose plus rare, ces qualités étaient reconnues de tous. Nous étions tellement convaincus qu'Hervé était fait pour être ministre ou ambassadeur que, dans la camaraderie qui le liait avec nombre de jeunes gens de notre âge, il entrait comme une nuance de respect. Son habitude de vie, d'ailleurs, son *habitus corporis*, avait déjà de la gravité, tempérée par beaucoup de grâce. La courtoisie fut vraiment, chez lui, une vertu sociale, qu'il posséda et pratiqua dès les premiers jours de sa vie. Néanmoins, né pour les grandes affaires publiques, préparé fortement à y prendre part, Hervé resta simple journaliste : et, quoique des premiers dans ce noble métier, il eut toujours quelque regret de ne pas pouvoir le quitter. On a dit de lui que sa vie avait été comparable à celle de quelque prêtre fervent, ayant reçu tous les ordres, passé par tous les grades et qui mourait avant d'avoir pu dire la messe...

Ce groupe de jeunes gens dont Hervé faisait partie vers 1860, où il avait des amis, dont j'étais (j'aime à m'en souvenir, car notre intimité fut charmante et sans nuage), et des camarades qui ont presque tous marqué dans la politique ou les lettres, ce groupe était très nombreux et très divers. La politique d'opposition a ceci de très agréable qu'elle rapproche les gens d'opinions et d'origines les plus variées. Et nous étions tous des opposants résolus à l'Empire dictatorial. Le *Courrier du Dimanche*, où Hervé débuta d'abord et où il fit une admirable campagne en faveur de la liberté de la presse, très malmenée par M. de Persigny, était le journal le plus amusant du monde. Orléanistes, *stathoudéristes*, républicains modérés, républicains radicaux, nous étions tous amis. Ah! la belle espérance dans nos cœurs! La belle humeur dans nos esprits! Nul ne doutait de l'avenir. République parlementaire ou royauté constitutionnelle, la France allait retrouver la liberté : et, dans notre patrie heureuse, il y avait de beaux rôles pour chacun de nous. Car la génération sacrifiée dont je suis était pleine d'ambitions, qui furent généreuses. Je le dis bien haut, d'un serment sincère, et à notre honneur : nous pensions au pouvoir, au triomphe, à l'épanouissement de nos idées et nous ne pensions pas à la fortune. Parmi nous, il y avait des jeunes gens riches et des jeunes gens pauvres. Nulle différence et nulle envie ne nous séparaient. Je suis bien sûr de ne pas parler en vieillard louangeur du temps passé en disant que le prurit de l'argent n'avait pas envahi et sali nos âmes. Plus encore qu'à la « tyrannie » — très douce, en réalité — de l'Empire, nous étions rebelles à cette tyrannie, bien plus farouche, de l'argent, qui écrase l'âme française d'aujourd'hui. On s'arrangeait comme on pouvait, mais on s'arrangeait toujours. Ce furent vraiment des heures charmantes. L'Empire libéral, accepté par les uns, refusé par les autres, nous sépara un peu, sans rompre tout à fait le lien. Il fallut le coup de foudre de la guerre pour nous disperser.

Et encore, à de rares exceptions près, nul ne perdit le souvenir de ces vieilles amitiés qui semblaient s'être faites d'après la définition de Salluste : *idem velle atque nolle, ea deinceps firma amicitia est.* Ce bureau de rédaction du *Courrier du Dimanche* fut une sorte de chapelle d'initiés au culte de la liberté, qui gardèrent la marque de l'initiation, indélébile comme le baptême chrétien. Le journal se faisait rue du Faubourg-Montmartre, dans une maison où Jacob eut sa salle d'armes, où nous allions tous, étant un peu batailleurs. Dubuisson, ce brave homme de Dubuisson, l'imprimait, très inquiet à chaque numéro tiré. Les *leaders* qui se succédèrent étaient Prévost-Paradol, Weiss, Hervé, Duval, Delprat, Assolant. Que de destinées diverses, quelques-unes tragiques! Paradol se tua, ambassadeur aux États-Unis, voyant venir la fin de l'Empire, le péril de la France, n'ayant pas trouvé à Washington le remède à ses embarras. Weiss, Hervé font la carrière que l'on sait, l'un n'arrivant pas au pouvoir, l'autre ne faisant qu'y passer. Duval est préfet de la Seine, indolent et railleur. Delprat, merveilleusement doué, devient fou; Assolant, découragé, aigri, meurt très malheureux. Par ce journal passèrent bien d'autres encore, qui furent, en 1870, les hommes d'action. Ceux que j'ai dit eurent un autre rôle. Ils furent un peu, pour les idées républicaines et parlementaires, ce qu'avaient été les encyclopédistes pour les idées de 89. Ils préparèrent de loin l'avenir, gardiens des traditions ou initiateurs de pensées nouvelles. Et d'avoir été de ces hommes-là, d'avoir fait partie de leur vaillante petite phalange, je me souviens non seulement avec plaisir, mais avec fierté.

C'était vraiment une joie et un exemple de voir tous ces hommes jeunes et qui sacrifiaient tous quelque chose à leur amour de la liberté, — car je vous assure que nous ne connaissions pas, au *Courrier du Dimanche*, les traitements de ténors! — prodiguer leur talent ou leur labeur pour jeter au pays des idées qu'ils croyaient bonnes et heureuses pour lui. Ils le faisaient avec une vaillance réelle, car la chose n'allait pas sans péril : et ils le faisaient, cependant, en gardant à la polémique, malgré sa verdeur, je ne sais quelle hauteur, dédaigneuse des injures et des « ragots », qu'on ne connaît plus aujourd'hui. C'était, entre adversaires sincères en leurs luttes, le duel, non la bousculade, la rixe, l'assommade. Dans ces batailles de plume, Hervé fut des premiers, par la clairvoyance, l'à-propos, la passion aussi, mais s'exprimant en une langue dont la courtoisie n'émoussait pas l'ironique cruauté. Oh! les jolis articles, les nobles écrits, le bel épanouissement de traditions françaises! Et j'y pense, et je souhaite que d'autres aussi pensent à ce passé, quand ce ne serait que pour détourner une heure nos esprits d'un triste présent!

NESTOR.

L'Événement

M. Édouard Hervé, membre de l'Académie française, directeur du *Soleil*, est mort hier soir, à neuf heures, en son domicile, 29, rue de Lisbonne.

C'est une grande figure du journalisme qui disparaît, un ardent militant d'un parti que nous avons toujours combattu et qui, dans toute sa carrière politique, suivit toujours une même règle d'honneur et de loyauté.

Aimé-Marie-Édouard Hervé, est né à Saint-Denis (Ile de la Réunion), le 28 mai 1835. Après avoir commencé ses études à Bourbon, il vint les terminer à Paris, où, lors du concours général de 1854, il obtint le prix d'honneur de philosophie. Peu après, il entrait le premier à l'École normale supérieure.

Comme beaucoup de ses condisciples, Édouard Hervé, se sentant peu de goût pour l'enseignement, ne tarda pas à donner sa démission et se lança dans le journalisme. Ses débuts dans la *Revue de l'Instruction publique* et dans la *Revue contemporaine*, remontent à 1858. Entré en 1869 au *Constitutionnel*, une grave maladie l'oblige à suspendre ses travaux qu'il ne reprend que trois ans plus tard au *Courrier du Dimanche* où il avait fait entrer son ami Weiss, qui ne tarda pas à lui abandonner la direction.

Édouard Hervé conserve ces fonctions deux années durant. A la suite de dissentiments avec les propriétaires de cette feuille il passe au *Temps* et à l'*Époque* où, sous le pseudonyme de Joseph Perrin, il fait de nombreux articles pleins de finesse et de verve contre les hommes et les choses de l'Empire.

Le gouvernement auquel ces allures indépendantes déplaisaient, obtint qu'il quittât ce journal.

M. Hervé achète alors le *Courrier français* dont la publication ne dura que quelques mois.

Après avoir fait pendant quelque temps la correspondance parisienne du *Journal de Genève*, il fonde le *Journal de Paris*, où il défend les évolutions politiques de M. Émile Ollivier.

Arrive le 4 septembre : Édouard Hervé qui, dans les dernières années du règne de Napoléon s'était rallié à l'Empire, abandonne son libéralisme et tente, avec une majorité rétrograde, le rétablissement de la royauté.

Pour faire une active propagande en faveur de ces idées, il fonde le *Soleil* en 1873 et mène contre Thiers une très vive campagne.

Après avoir pu croire un moment que la victoire était proche, Édouard Hervé, après que le pays eût envoyé à la Chambre des majorités républicaines, constata loyalement que toute idée de résistance était vaine et engagea le chef du pouvoir à revenir aux règles du régime parlementaire.

Il n'en continua pas moins à défendre le principe monarchique qu'il défend en 1879. En 1881, les électeurs du neuvième arrondissement (quartier de la Chaussée-d'Antin) l'envoyèrent siéger au Conseil municipal, où il combattit toutes les mesures anti-cléricales. Non réélu au renouvellement suivant, il se présenta en 1885 aux élections législatives, dans le département de la Seine, où il échoua avec toute la liste réactionnaire.

Il fut plus heureux, un an après, à l'Institut, où il prit la succession du duc de Noailles. Son élection, disait-on à cette époque, il la dut plutôt à ses opinions qu'à son bagage littéraire qui se compose presque exclusivement que d'articles de journaux. On ne lui doit, en effet, qu'une *Page d'histoire contemporaine*, une *Histoire constitutionnelle de l'Angleterre* et la *Crise irlandaise depuis la fin du dix-huitième siècle*.

En 1888, Édouard Hervé sollicite une dernière fois les suffrages de ses concitoyens. Il se présenta à Marseille où il obtint 23,000 voix contre 40,000 données au candidat révolutionnaire Félix Piat. Ce fut sa dernière tentative politique. Depuis cette époque, Édouard Hervé se consacra exclusivement à la direction du *Soleil*, dont il avait su faire l'un des organes les plus en vue de notre époque.

Honnête homme, loyal adversaire, penseur profond, grand journaliste, c'est à ces différents titres que nous adressons un dernier adieu à celui que toute une famille pleure, que toute une corporation regrette.

FERVILLE.

Le Figaro

Le journalisme et l'Académie française ont fait, hier soir, une perte des plus sensibles et tout à fait inopinée.

M. Édouard Hervé luttait depuis plusieurs semaines contre les atteintes d'un mal qui semblait définitivement vaincu, lorsqu'il est mort, presque subitement, hier, mercredi, à dix heures du soir, en pleine possession de cette grande intelligence et de cette invincible vaillance qui étaient le fond de son caractère et de sa vie.

La génération actuelle n'a connu en lui que le directeur du journal *le Soleil*, qu'il créa en 1876 et dans lequel il ne cessa de lutter en faveur du comte de Paris, puis du duc d'Orléans, exhortant les princes à la décision et à l'action.

C'est d'ailleurs au directeur du *Soleil* que l'Académie française ouvrit ses portes, à la mort du duc de Noailles, le 11 février 1886 ; et c'est par conséquent depuis la fondation de ce journal monarchiste, le premier grand quotidien à cinq centimes, que date pour la foule la célébrité du nom d'Édouard Hervé.

Mais, pour une élite de lecteurs, d'hommes politiques et d'écrivains, dont le souvenir est encore charmé, c'est surtout avant cette période qu'il faut aller le chercher et le fixer pour l'histoire, au milieu de polémiques encore plus sonores et de luttes beaucoup plus vives.

C'est de 1863 à 1875, qu'Édouard Hervé a vécu sa vie la plus éclatante et la plus féconde.

Journaliste dans l'âme, journaliste qui ignorait peut-être sa réelle valeur, puisqu'il rêvait constamment de s'échapper et de s'enfuir vers les régions autrement fallacieuses de la politique, il donna, pendant ces douze années, dans la presse du second Empire et des commencements de la République actuelle, la mesure de ses immenses qualités.

Au *Courrier du Dimanche*, au *Temps*, à l'*Époque*, sous la direction de Feydeau ; au *Journal de Genève*, il apparut, dès sa sortie de l'École normale, comme rédacteur principal, collaborateur ou correspondant.

Mais ce fut à partir de 1867 qu'il marqua sa vraie place, le jour où, profitant de la nouvelle loi du 19 janvier sur la presse, il put fonder avec J.-J. Weiss le premier journal de véritable opposition à l'Empire, le *Journal de Paris*.

Très vite, par l'ardeur de sa polémique et par la fermeté de son dogme autant que par l'élégance de sa pensée, il devint le leader le plus apprécié de la monarchie constitutionnelle, et quand la République survint, Édouard Hervé fut le conseiller le plus justement écouté des princes d'Orléans, pour lesquels il avait engagé l'âpre combat.

D'autres retraceront ce combat et décriront comme il convient cette période brillante dans laquelle Édouard Hervé a conquis, en équilibre imperturbable, avec sa plume comme balancier, une place si brillante aux côtés de véritables hommes d'État. Au milieu des plus grandes discussions, parmi les pièges et les écueils, son esprit calme, souple et patient, ne cessait de dominer : il se retrouvait dans sa phrase toujours sobre, claire et maîtresse du mot, comme dans sa physionomie grave, douce, un peu indolente, non pas immobile, mais volontairement égale.

A l'heure où nous apprenons sa mort soudaine, nous ne pouvons rappeler que ses principales qualités, non point retracer son rôle. Un mot, d'ailleurs, résume toute sa vie politique, tous ses sentiments, toutes ses convictions et tous ses efforts : c'est la fidélité à ses illustres amitiés.

Jusqu'à la mort, Édouard Hervé a été fidèle à son parti. Ce n'est certes pas une consolation, mais c'est un nouveau titre de fierté pour ceux qui le pleurent : sa femme, sa fille, la comtesse de Grenaud de Saint-Christophle, son fils, Philippe Hervé, son frère, M. Hervé de Kérohant, et cette autre famille à laquelle il a donné l'infatigable exemple du travail et de l'honneur, la Presse française.

Gaston CALMETTE.

La Fronde

Hier, à minuit, le bruit s'est tout à coup répandu de la mort de M. Édouard Hervé.

Nous nous sommes immédiatement rendue au *Soleil*, où l'on n'a pu que nous confirmer la triste nouvelle.

L'excellent directeur du *Soleil* avait succombé dans la soirée, aux suites d'une maladie de cœur, qui tout d'abord anodine, s'était tout à coup aggravée.

Dans le courant de la semaine dernière, l'état du malade avait empiré, mais son entourage espérait pourtant une guérison. Dimanche dernier, M. Hervé, se sentant plus fatigué, fit appeler auprès de lui un prêtre de ses amis duquel il reçut, sur son désir, les derniers sacrements.

La nuit de mardi à mercredi fut mauvaise pour le malade, et dès hier matin, les médecins commençaient à désespérer de l'arracher à la mort.

Jusqu'à la dernière minute de son agonie, M. Hervé n'a pas perdu connaissance. Quelques minutes avant de rendre le dernier soupir, il a fait venir auprès de lui sa femme et quelques-uns de ses parents, les a embrassés, leur a dit à chacun un dernier adieu, puis s'est éteint doucement.

M. Édouard Hervé était né en 1835 à l'île Bourbon, de famille originaire de la Bretagne. De bonne heure son père l'envoya en France, et il fit ses études à Paris, au lycée Henri IV, dont il fut un des plus brillants élèves.

Entré à l'École normale en 1854, Édouard Hervé donna peu

de temps après sa démission et entra à la *Revue de l'Instruction publique*, à laquelle il donna des articles littéraires.

En 1860, il passa à la *Revue Contemporaine*, puis il écrivit successivement au *Courrier du Dimanche*, au *Temps* et à l'*Époque*.

Malheureusement, la liberté de la presse était fort restreinte sous l'Empire, et, en 1865, l'administration impériale interdit à M. Édouard Hervé de collaborer à tous les journaux français.

Mais le gouvernement ayant compris que le joug qu'il faisait peser sur les journalistes finirait par être secoué, inaugura en 1867 un nouveau régime de presse.

M. Hervé fonda alors avec Jean-Jacques Weiss, le *Journal de Paris*, auquel collaborèrent les premiers journalistes de cette époque.

La prospérité du *Journal de Paris* permit à M. Hervé de mettre à exécution une idée qu'il mûrissait depuis longtemps, celle du journal à bon marché.

C'est lui qui le premier lança en France un grand journal quotidien à 5 centimes. Au début, ce fut un dédoublement du *Journal de Paris*, mais peu à peu cette dernière feuille cessa de paraître et fut définitivement remplacée par le *Soleil*.

M. Édouard Hervé, qui fut décoré en 1873, fut élu membre de l'Académie française en 1886, en remplacement de M. le duc de Noailles. En dépit de ses nombreuses occupations, le directeur du *Soleil* avait trouvé le temps d'écrire de nombreux ouvrages historiques et des articles fort littéraires dans la *Revue des Deux Mondes*; mais c'est surtout comme journaliste qu'il fut remarquable et que son souvenir restera.

Il fut de l'école des grands publicistes, tels qu'Émile de Girardin, J.-J. Weiss, qui comprenaient le journalisme tout autrement qu'on ne le fait à notre époque et qui lui avaient donné un prestige qu'on a laissé depuis, s'amoindrir beaucoup.

M. Hervé, qui fit toujours partie de l'opposition, sut défendre sa cause sans brutalité et sans violences. Il fut en même temps qu'un journaliste au style précis, au jugement sûr, à l'esprit cultivé, un homme courtois et dont la bonne éducation ne se démentit jamais. En nos temps de polémiques violentes, il est de toute justice de rendre hommage à un pareil homme qui a toujours fait le plus grand honneur à la profession que, pendant de longues années, il exerça avec un si réel talent.

Jeanne Brémontier.

Le Gaulois

Depuis quelques années déjà, M. Édouard Hervé n'écrivait plus ou presque plus, et il était plus souvent à Arcachon ou en Bretagne qu'à Paris. Quand ils le revoyaient, ses amis étaient douloureusement impressionnés par son air souffrant, triste et fébrile. La dernière fois que je le rencontrai, il me dit : « Mon ami, je vais mourir ». Il avait eu une physionomie charmante, avec ses noirs cheveux brillants, sa soyeuse barbe en éventail, de grands yeux de gazelle, très doux, très intelligents et très fins, une bouche un peu grande mais très gracieuse et qui montrait de belles dents, sa voix un peu blanche, mais bien articulée, sa parole claire, sobre et très fine, qu'accompagnaient des gestes un peu nerveux, ses manières dignes, réservées, mais très bienveillantes et très courtoises, et toute sa personne svelte et un peu raide, avec ses vivacités et ses abattements.

Il était né à la Réunion, mais d'une famille bretonne, et il s'était pris, vers la fin de sa vie, de passion pour la Bretagne, où il avait acheté une terre. Ce mélancolique pays breton, ce pays des siens lui donnait un peu de ce repos qu'il ne trouvait pas à Paris parce qu'il aimait trop Paris. Il y avait toujours vécu depuis qu'il avait quitté la Réunion et il avait toujours aimé la vie mondaine.

M. Édouard Hervé a toujours appartenu à notre profession. Il a toujours eu le désir d'en sortir et il en a eu plusieurs fois l'occasion. Napoléon III lui avait offert la direction des colonies ; M. Thiers, la préfecture de la Gironde ; le maréchal de Mac-Mahon, le consulat général de Naples. Lui-même avait posé sa candidature au conseil d'État et à la Chambre. Mais il n'a jamais eu que des velléités de fonctions publiques, et il a toujours fini par y échapper. Il avait, d'ailleurs, des talents que n'ont pas d'ordinaire les journalistes et il a fait une très belle fortune avec ses journaux.

Sa plus brillante période comme journaliste a été les dernières années de l'empire. Il était fort des amis des princes d'Orléans, mais les princes d'Orléans ne se posaient ni en compétiteurs ni en champions du comte de Chambord, et les républicains paraissaient avoir plus de chance de recueillir le pouvoir, si le pouvoir était quelque jour à recueillir. Son opposition n'était pourtant pas une opposition quand même, mais une opposition avant tout préoccupée d'obtenir du gouvernement une politique sage et libérale : elle s'appuyait toutefois sur des princes, redoutés de tous, parce que tous ignoraient leurs projets. Depuis la petite cour qui s'était formée autour du duc de Bourgogne, après la mort du grand dauphin, il n'y avait jamais eu, pour des politiques de salon et d'académie, situation plus enviable. Trois noms, entre tous, y ont brillé dans la presse : MM. Prévost-Paradol, J.-J. Weiss et Édouard Hervé. Mais MM. Prévost-Paradol et J.-J. Weiss finirent par se rallier à l'Empire. La veille de son départ pour Washington, où Napoléon III l'avait nommé ministre plénipotentiaire, M. Prévost-Paradol me dit, en voyant une écritoire sur un bureau : « Rien que la vue d'une écritoire me donne des nausées ». M. Édouard Hervé n'a eu ces nausées que beaucoup plus tard.

Je ne puis mieux comparer le talent de M. Édouard Hervé, à cette époque, qu'à une glace sans défaut. En le lisant, on ne voyait pour ainsi dire pas les mots, tant la pensée avait de simplicité, de clarté, de convenance et de perfection et tirait sa séduction d'elle-même. C'est dans le *Journal de Genève*, de 1865 à 1866, et dans le *Journal de Paris*, de 1867 à 1870, que l'on trouve le talent de M. Édouard Hervé dans sa liberté et dans son éclat.

Après 1870, il fallait descendre de cette jolie tour d'ivoire, il fallait se mettre face à face avec la démocratie, dont la république avait pris la direction à l'empire, et une république que l'ironie des choses avait confiée aux propres amis de M. Édouard Hervé, et si son talent est toujours le même, on y voit pourtant de l'incertitude et de l'impatience, et une progressive tendance à prendre le tour rapide, impératif et saccadé de M. Émile de Girardin qui ne s'adressait pas à la foule, mais qui s'adressait au moins à un public plus nombreux.

Cette nouvelle manière s'est plus accentuée encore après la mort du comte de Chambord et surtout après la mort du comte de Paris, et elle avait quelque chose de pressé et de douloureux. Il publiait dix ou douze articles de suite, comme une salve de coups de pistolet, et rentrait sous sa tente. L'admirable écrivain du *Journal de Genève* et du *Journal de Paris*, aussi pur que La Bruyère et plus naturel, et qui semblait prendre la politique avec une douce philosophie, était, en cela comme en toute chose, un passionné. La perte ou l'ajournement de ses espérances lui a été cruel, et il n'a peut-être pas eu toute la philosophie que pouvaient lui donner l'estime publique, la consécration de son talent par l'Académie française, la fortune qu'il s'était faite et sa famille qu'il aimait comme aucune famille n'a été aimée.

*
* *

M. Édouard Hervé n'a publié aucun livre. Il a seulement réuni en volumes des articles de revue sur l'Irlande et sur l'Angleterre, dont il admirait fort les institutions. Il y avait en lui quelque chose du créole, qui répugnait à œuvre de longue haleine. Je l'ai vu maintes fois nerveux à l'excès, tremblant au point de ne pouvoir tenir sa plume, puis écrivant de son écriture ouverte et claire et tout d'un trait un article toujours court, et semblant ensuite épuisé comme si tout son corps s'était dissous. Cinq minutes après, la détente se faisait, il n'y paraissait plus ; le visage était rasséréné, le corps souple et le pas alerte. C'est qu'il était journaliste dans l'âme et que cette commotion électrique, après lui avoir brisé les nerfs, lui donnait une sensation délicieuse.

Le dirai-je pourtant ? M. Édouard Hervé avait un peu la maladie de Ingres. Ingres était peintre et surtout dessinateur, et il aurait voulu jouer du violon. M. Édouard Hervé était un des plus éminents journalistes de son temps, et il aurait voulu être au pouvoir. Certes, il serait devenu un homme d'État aussi bien qu'il avait appris à fonder des journaux, à les administrer et à les faire prospérer, bien qu'il y eût moins de talents naturels que pour la politique, parce qu'il avait une intelligence très variée et une volonté très constante. Mais il aurait voulu y être d'emblée, et nos révolutions ne sont guère de celles qui portent ainsi au pouvoir les hommes de son élite. Le pays y a perdu un homme d'État, il y a perdu aussi un journaliste qui a laissé tomber sa plume bien avant l'heure, et M. Édouard Hervé y a perdu aussi sa sérénité. Ceux qui n'ont jamais eu un idéal, qui n'ont jamais combattu pour lui, qui n'ont jamais rêvé de rendre leur patrie plus glorieuse, ne comprendront jamais des chagrins de cette nature.

Je souhaite que l'on fasse, au moins, un recueil de ses articles, dont je parlais tout à l'heure. Il m'a souvent dit qu'un jeune journaliste devrait relire, tous les jours, *Candide* ou l'*Homme aux quarante écus*. Je crois que la lecture de son recueil lui serait non moins profitable. Il y verrait non seulement des chefs-d'œuvre de style, mais des chefs-d'œuvre d'enseignement politique, qui attirèrent aussitôt sur ce jeune inconnu l'attention et l'estime de tous les partis, et du pouvoir, tout le premier. J'ai un monceau de lettres qu'il m'a écrites depuis trente ans et où il me répète sans cesse : « Oui, je suis monarchiste constitutionnel. Mais le pouvoir ne doit jamais être humilié, il doit toujours être fort. Constitutionnel veut dire simplement que le pouvoir doit s'exercer sans haine, dans la limite des lois ».

***

Mme Édouard Hervé et la comtesse de Grenaud, sa fille, me racontaient, hier, ses derniers moments, la sérénité de son âme, sa fin chrétienne. Il s'était confessé plusieurs fois, il avait communié, il avait demandé à recevoir l'extrême-onction, suivant à haute voix les prières liturgiques et appuyant sur les mots qui marquaient sa foi et son espérance, et bien après qu'il ne pouvait plus dire aux siens qu'il les reconnaissait, il faisait fréquemment des signes de croix. Il n'avait jamais aimé les discussions religieuses. Il m'a souvent dit : « Je crois ce que m'enseigne mon curé ». Et ce n'était pas là le mot d'un indifférent, c'était l'expression très simple et très sincère de sa conviction qu'il ne faut pas discuter sa religion, mais y croire et la pratiquer.

Rien que ce mot le fera comprendre mieux que tout le reste. C'était un esprit éminemment clair, ne s'embrouillant jamais dans l'inutile, s'élevant tout de suite aux synthèses.

Mais c'était aussi un esprit aristocratique et qui souffrait de ne pouvoir servir son pays comme il l'aurait voulu dans une démocratie.

Nous nous étions connus sous l'Empire, chez M. Casimir-Perier, père de l'ancien président de la République. Il était devenu mon maître et il était resté mon ami, un ami militant, et, mieux encore, un ami qui, dans les circonstances douloureuses de ma vie, s'est toujours montré plein de cœur, plein de tendresse pour moi et, moi, j'ai le cœur très gros en lui exprimant ici ma gratitude et en lui disant un dernier adieu.

Louis TESTE.

La Gazette de France

C'est avec un vif regret que nous apprenons la mort de M. Édouard Hervé; la maladie qui l'avait frappé l'éloignait depuis quelques mois des luttes de la politique; cette plume, alerte et vaillante, n'intervenait plus que rarement dans les discussions et polémiques qui passionnent l'opinion et nous l'avons souvent regretté; si nous différions parfois d'opinion sur la façon de comprendre la tradition monarchique, d'engager et de poursuivre l'action pour le rétablissement de la Royauté, nous avons toujours rendu hommage à la sincérité de ses convictions, à la loyauté de son caractère, au courage qu'il déploya si souvent pour la défense des doctrines d'ordre religieux, social et politique.

Ce qui l'empêcha sans doute d'exercer une influence prépondérante sur la direction des esprits, et de remplir tout le rôle qui semblait réservé à ses aptitudes et à son activité, c'est que, tout en comprenant la nécessité de la Monarchie pour le fonctionnement des services publics, pour garantir les droits et les libertés des citoyens, pour rendre à la nation son rang dans le monde, il voyait dans la Monarchie plus une forme supérieure de gouvernement, qu'un principe se rattachant par ses traditions historiques, par sa constitution nationale au passé de la France.

S'il servait et défendait, en toute loyauté et sincérité, la forme monarchique, c'est qu'il supposait que seule elle pouvait s'adapter à certaines institutions parlementaires et leur permettre de fonctionner pour le plus grand avantage des intérêts nationaux.

S'il avait cru que l'Empire libéral et la République conservatrice pussent s'en accommoder, il les eût acceptés avec la même sincérité et défendus avec la même loyauté.

Il partagea l'erreur de trop d'hommes de sa génération qui s'attachant trop aux formes et aux formules, faisaient de l'adhésion à ces formes changeantes, à ces formules variables, la condition nécessaire de la restauration monarchique, ne comprenant pas que la véritable force, l'unique raison d'être de la monarchie, c'est le principe même qu'elle représente, principe basé sur le droit historique et la tradition nationale.

Mais avec quel éclat, quel courage, rompant souvent avec d'anciennes amitiés, sacrifiant de très légitimes ambitions, il affirmait qu'avec et par la Monarchie seule, la France pouvait reconquérir ses libertés et relever sa puissance.

S'il n'avait pas une foi absolue dans la force que la Monarchie tirait de son principe, il avait le sentiment très net que la Monarchie était une nécessité sociale, et la seule solution compatible avec le tempérament, les mœurs, les intérêts de la France.

Ce fut une peine amère pour ce parlementaire de n'avoir pu entrer dans un parlement, où par son talent de parole, le charme de ses relations, sa connaissance des hommes, il eût rendu d'importants services aux causes qu'il représentait et justifié les espérances de ses amis et de son parti.

Le concours des royalistes de principe ne lui fit défaut ni dans les Bouches-du-Rhône, ni dans le huitième arrondissement, lorsqu'il fit appel à leurs suffrages, et s'il succomba par la faute des circonstances momentanées et des conditions spéciales dans lesquelles sa candidature fut posée, aucune divergence d'idées n'empêcha nos amis de rendre justice à sa loyauté et de reconnaître ses services.

C'est d'ailleurs que vinrent les défections et les abandons. M. Hervé le ressentit vivement, mais il ne cessa de rendre hommage au concours loyal et actif qu'il trouva chez les royalistes.

Lettré très fin, écrivant une langue qui frappait par sa clarté et sa vigueur, l'Académie l'avait très justement appelé à siéger dans sa compagnie.

Courtois et affable dans ses relations privées, il avait su se mériter de nombreuses sympathies personnelles, et elles lui sont toujours restées fidèles.

Nous saluons en l'homme distingué que la mort vient de ravir, un confrère qui honorait notre profession par son talent et son caractère, et nous nous inclinons devant le bon Français qui fut toujours un ardent patriote, un monarchiste militant et un chrétien convaincu.

Charles Dupuy.

Gil Blas

Voici un des journalistes de la grande école qui disparaît, et le républicain que je suis, vient, avec une respectueuse émotion, donner le salut de la plume à ce royaliste convaincu qui s'en va.

C'était un honnête homme et c'était un libéral ; il ne connut jamais les tares de la carrière ni les hésitations de la conscience et je ne sais pas de plus bel éloge.

Dans notre monde de la presse où tant d'intrus ont escaladé les directions par la seule force de leurs fortunes, où tant d'autres se sont faufilés par l'habileté et se sont maintenus à la tête d'exploitations littéraires par leur ténacité dépourvue de scrupules, M. Éd. Hervé est le contraste frappant entre ce que devrait être un directeur de journal et ce qu'il est trop souvent.

Édouard Hervé était un lettré et c'était un penseur indépendant ayant incarné son idéal de société libérale dans la forme monarchique constitutionnelle. On peut discuter ses idées, combattre ses opinions, repousser ses tendances, mais tout le monde demeure d'accord pour s'incliner devant la loyauté de son attitude et la sincérité de ses convictions.

Toutes les convictions sont respectables, quand ceux qui les professent servent loyalement les idées qu'ils défendent.

Édouard Hervé inspirait ce respect à ses adversaires.

Sa biographie pourrait avoir pour sous-titre « Histoire simple d'un journaliste au XIXe siècle ».

Fils d'un petit professeur de mathématiques de Saint-Denis (Ile de la Réunion), il vint en France terminer ses études au collège Napoléon, au lendemain du coup d'État et obtint le prix d'honneur de philosophie au concours général de 1854. Il entra le premier à l'École normale; mais déjà l'impétuosité du journaliste se montrait dans le jeune homme et il quitta la pépinière professorale pour entrer dans la presse.

Il vint se ranger dans ce journalisme d'opposition qui, au lendemain du coup d'État avait besoin de talent, de beaucoup de talent pour émettre des idées indépendantes contre un pouvoir qui ne souffrait pas la contradiction et qui, né de la violence, ne supportait pas qu'on parlât de liberté ouvertement.

C'est ainsi que de 1860 à 1865 il collabora à la *Revue contemporaine*, au *Courrier du Dimanche* et au *Temps*.

En 1866, il se chargea de la correspondance du *Journal de Genève* et il obligea ceux qui s'intéressent à la formation lente de l'opinion publique à lire ces substantielles chroniques où, à l'aide d'une discussion ferme, il préparait des arguments à ses camarades de France.

Il faut un talent spécial, un tour d'esprit tout particulier pour écrire une correspondance parisienne d'un grand journal international comme était à ce moment le *Journal de Genève*, pour raconter la marche des idées, les événements qui se déroulent; apprécier les hommes qui passent, juger les uns et les autres avec assez de hauteur de vue et d'indépendance pour que ces opinions puissent être acceptées par ceux qui aiment notre pays sans fournir d'armes de combat à ceux qui ne nous aiment pas à l'extérieur. É. Hervé avait ces qualités au suprême degré.

— Voyez-vous, me disait-il un jour (c'était à la porte du cimetière de Passy, au retour de l'enterrement de Francis

Magnard devant la tombe duquel il venait de prendre la parole), ce qu'il y a de meilleur dans le journaliste français, qui écrit pour un journal étranger, c'est de pouvoir faire aimer notre pays, sans abdiquer la liberté de critique et la franchise dans l'appréciation ; ce n'est pas toujours aisé.

M. Éd. Hervé avait admirablement réussi dans cette besogne délicate qui n'est pas toujours sans profit pour les idées françaises.

Mais la vraie carrière de M. Hervé se résume dans le *Soleil* dont il fut le fondateur, et dont il est demeuré jusqu'à la dernière heure le directeur et l'inspirateur.

Les idées défendues par le *Soleil* ne sont pas les miennes, je les ai souvent combattues, mais la façon dont M. Hervé les exposait et les enseignait restera un modèle pour les confrères plus jeunes et un exemple pour ceux qui viendront plus tard.

A notre époque enfiévrée où les injures tiennent souvent lieu d'arguments, où on remplace les bonnes raisons par de méchantes calomnies, M. Hervé avait un parti pris de modération et d'élévation dans le langage qui étonnait et je dirais presque qui détonnait au milieu des colères vociférantes de tant d'autres.

M. Éd. Hervé eut des polémiques nombreuses et je ne crois pas que jamais il lui soit échappé un gros mot, ou même une expression violente.

Comme devant moi, un jour, on lui faisait compliment de cette courtoisie parfaite :

— Oh ! dit-il, il n'y a pas grand mérite ; c'est une question d'éducation. Quand on a la prétention de s'adresser à des lecteurs courtois, on ne peut pourtant pas leur parler le lanlage des dames de la Halle.

— Cela est parfois nécessaire dans la violence du combat, dit Renan qui était là ; je parle pour les autres, car en ce qui me concerne, je suis absolument de votre avis.

— Non, non, continua Hervé, cela n'est pas nécessaire; dans la fièvre du journalisme, seuls ceux-là se livrent au pugilat qui n'ont pas été habitués de bonne heure à la politique; ce ne sont pas des lutteurs, ce sont des boxeurs. Ils ne discutent pas, ils donnent des coups de poing, et si je ne craignais d'employer leur langage, ils donnent des coups de gueule — je vous demande pardon du mot, que je n'écrirais pas pour beaucoup.

Évidemment cet homme appartenait à une autre génération.

M. Éd. Hervé avait essayé plusieurs fois d'entrer à la Chambre, sans jamais y réussir.

En 1869, il se présenta à Arras comme candidat de l'opposition libérale patronné par M. Thiers et fut battu. En 1884, il figurait sur la liste conservatrice du département de la Seine et il échoua au scrutin de ballottage avec 110,921 voix. En 1888, nouvel échec dans le IXe arrondissement contre mon vieil ami Anatole de La Forge; inlassable, Hervé s'en va dans les Bouches-du-Rhône où il rencontre Félix Pyat qui lui est préféré; enfin, il vient échouer une fois encore dans le VIIIe arrondissement en 1889. Les intelligences et les capacités ont peu de chances d'entrer dans les assemblées où dominent les inutiles et les non-valeurs, ainsi que les avocats sans causes, les médecins sans malades, les véterinaires en disponibilité, puis encore ceux que Gambetta appelait un jour avec ce beau dédain pour la médiocrité salissante et dominante au Parlement : « Les sous-vétérinaires ». Un adversaire comme M. Hervé ne pouvait cependant qu'être utile à une majorité compacte dont il eût pu stimuler le zèle.

M. Édouard Hervé fut cependant élu conseiller municipal de Paris dans le huitième arrondisement en 1881; il ne se représenta pas en 1884. Avait-il compris l'inutilité de l'effort dans une assemblée qui, étant l'antichambre du Palais-Bourbon, sert trop souvent de tremplin aux ambitions de quartiers protégés par les marchands de vins et par les grands électeurs qui sont presque toujours des intelligences ignorées et ignorantes. O démocratie! que de médiocrités nous subissons en ton nom.

Une autre compensation fut réservée à M. Hervé : l'Académie française l'élut en 1887, à la place du duc de Noailles, et on a beau la railler, l'Académie vaut mieux que le Conseil municipal et même que le Palais-Bourbon, quoi que M. Fabérot en pense et quoi que le citoyen Carnaud, sous-instituteur de Marseille, en dise.

M. Éd. Hervé avait deux convictions : la foi dans la monarchie et la croyance dans un cause religieuse; il les a défendues toutes deux avec un dévouement qui ne s'est arrêté qu'hier.

Les adversaires sont heureux de rendre hommage à cette loyauté jamais prise en défaut et les journalistes perdent un compagnon illustre qui fut un homme de conscience et de probité.

Ils sont rares.

JEAN BERNARD.

Le Journal

M. Édouard Hervé qui vient de mourir personnifiait la Presse à l'Académie et un certain journalisme d'opposition. Avec lui, disparaît en effet le dernier représentant d'une école qui n'est plus selon le goût du moment. Il y avait dans la polémique de cet écrivain au jour le jour, de la méditation, du savoir, du respect pour l'idée et pour le lecteur, de l'éloquence d'honnêteté, et une force de modération incomparables. Il était mieux que brillant, mieux que spirituel. Et certes il faut rendre hommage à ce talent, encore qu'on puisse dire qu'il a été servi par des conditions particulières, abolies pour les talents d'aujourd'hui.

Aussi bien, Hervé, J.-J. Weiss, Prévost-Paradol, Castagnary, tous les esprits distingués du *Courrier du Dimanche* et du *Journal de Paris*, opéraient à une époque heureuse, remarquablement favorable aux véritables écrivains; en ce temps lointain, il y avait par bonheur une gêne, une difficulté, une tyrannie; il fallait surveiller ses mots, sa ponctuation même; la liberté du journaliste et la vie du journal, au plus léger écart étaient en danger : mais de ces obstacles précisément naissaient une habileté, une inspiration, une verve précieuses : le moindre mot portait, la moindre trouvaille vous improvisait célèbre; époque admirable, où la nécessité de penser, d'écrire, de lire entre les lignes aiguillonnait, et où la plus inoffensive illusion devenait un régal. On n'en cite pas moins toujours comme des exemples supérieurs, des maîtres non remplacés, les écrivains de ce groupe; ils jouissent eux aussi des bienfaits du « bloc », et des avantages d'une opinion toute faite.

A les lire de près cependant, après coup, cette admiration confiante se tâte et cède, on s'étonne du peu qu'il leur a fallu pour étonner, et si l'on reprend par exemple du Rochefort d'antan, la part se dessine aussitôt, qu'il s'agit de faire à l'influence d'une entrave, sur le talent et le succès. Ah! que n'avons-nous cette aubaine, nous aussi! La féconde collaboratrice, que l'impossibilité de dire tout! Elle assure l'ingéniosité qui n'exclut pas le trait significatif, la délicatesse qui n'est pas incompatible avec le courage. Dans les journaux actuels, matin et soir, se jette un talent prodigieux; pour une réussite qui nous est plus marchandée que n'était la leur à nos aînés, il faut avoir cent fois plus de talent qu'eux. Voilà la vérité. Aussi sera-t-il permis de constater que si les écrivains, partisans de l'absolue liberté de la presse, semblent perdre de vue ce qui parfois intéresserait la dignité même de leur profession, au moins ils ne sont pas des égoïstes.

Alexandre Hepp.

Le Jour

A l'époque où, le journalisme étant devenu une affaire et le journal une maison de commerce comme une épicerie ou un bazar, les journaux sont, pour la plupart, entre les mains de financiers, d'industriels, de commerçants plutôt que de publicistes, où les Armand Carrel, les Prévost-Paradol, les About, les Girardins se font rares, trop rares, la disparition d'un des trois ou quatre héritiers à peine qui survivent à leur tradition et la continuent à l'honneur de la presse contemporaine atteinte de la maladie fin-de-siècle, dont hommes et choses souffrent également, apparaît comme un deuil immense pour tous ses confrères, jeunes et vieux, grands et petits, à quelque opinion qu'ils appartiennent.

Édouard Hervé est mort. Le directeur du *Soleil* est tombé sur le champ de bataille, en vaillant, la plume à la main. Il a noblement, pendant quarante-quatre années, près d'un demi-siècle, combattu pour ses idées, pour Dieu, pour le roi. Il a mené le combat avec verve, avec vigueur, mais toujours avec courtoisie, avec le respect de ses adversaires, s'attaquant aux idées, méprisant la diffamation et l'injure qui ne prouvent rien et ne déconsidèrent que ceux qui se servent de ces armes empoisonnées.

Il écrivait la belle langue du dix-septième siècle et en professait la politesse parfaite. Il n'allait pas sans doute jusqu'à mettre des manchettes à l'exemple de M. de Buffon, mais il parait son style de toutes les élégances de la forme et donnait à la pensée toute la force et la beauté qu'elle pouvait revêtir.

Édouard Hervé, ancien élève de l'École normale supérieure, après une longue collaboration au *Journal de Paris*, sous l'Empire, et au *Soleil*, depuis 1873, avait été appelé à recueillir à l'Académie le fauteuil que, de tradition, elle accorde à la presse.

Sa carrière a été brillante et pure de toute compromission. Il a été fidèle jusqu'au bout à sa foi, à ses espérances, espérances chimériques peut-être, mais belles de cette fermeté aux principes, de cette unité de caractère si peu commune, aujourd'hui surtout ?

Il fut l'honnête homme, le *vir bonus dicendi peritus*, l'homme de bien, habile dans l'art de bien dire, de bien écrire. Celui-là sera regretté universellement : il ne se mêlera pas de note discordante dans le concert de justes louanges qui seraient payées à sa mémoire, et ce sera d'un puissant réconfort au milieu de nos divisions et de nos polémiques. Sa mort sera un enseignement. Par delà la tombe, il nous invitera doucement, du haut de sa sereine immortalité, à méditer sur l'histoire de sa vie, histoire d'un galant homme et d'un écrivain de mérite et à nous inspirer de son exemple dans nos discussions présentés et à venir pour désarmer les haines, et changer les ennemis farouches en adversaires résolus, mais toujours prêts à rendre l'hommage dû au talent et à la bonne foi, ces deux qualités éminentes qui perpétueront à jamais, chez nous tous, le nom illustre d'Édouard Hervé.

FONTENOY.

La Liberté

M. Édouard Hervé, de l'Académie française, directeur du journal le *Soleil*, est mort hier soir, succombant à la maladie qui, depuis longtemps déjà, sans affaiblir la vivacité de son intelligence, le tenait en dehors du mouvement politique.

Il n'est pas un journaliste qui ne doive adresser avec émotion un hommage funèbre à celui qui vient de nous quitter; car personne mieux que lui n'honora une carrière si souvent décriée. Les passions politiques qui divisent, ne manqueront pas de se taire pour laisser parler le regret qui réunit, au moment où cet éminent publiciste, qui donnait si utilement à notre époque un bel exemple d'honnêteté dans la pensée et de courtoisie dans la forme, est enlevé au respect de ses confrères et à l'affection de ses collaborateurs.

M. Édouard Hervé était âgé de soixante-quatre ans. Né à l'île Bourbon, il ne cessa pas depuis l'âge de vingt ans, dès sa sortie de l'École normale, de combattre pour ses idées et pour ses convictions. Il collabora successivement à la *Revue de l'Instruction publique*, à la *Revue contemporaine*, au *Courrier du Dimanche* qui consacra définitivement sa réputation, au *Temps* et à l'*Époque*, sous le pseudonyme de Joseph Perrin. La liberté de son jugement et la sincérité passionnée de ses sentiments alarmèrent l'Empire, qui interdit à M. Édouard Hervé les colonnes de tous les journaux français. Le *Journal de Genève* fut alors son refuge et il ne le quitta qu'en 1867, lors de la nouvelle loi sur la presse. C'est alors qu'avec le concours de son ami J.-J. Weiss et la collaboration de Ferdinand Duval, Edmond Villetard, Sarcey, Ranc, Fouquier et Eugène Dufeuille, il fonda le *Journal de Paris* qui cessa de paraître en 1876, époque à laquelle M. Édouard Hervé se consacra tout entier au *Soleil* fondé depuis 1873 et qui fut en France le premier grand journal quotidien politique à un sou. On sait qu'il ne cessa d'y défendre les droits de la monarchie constitutionnelle et ceux du catholicisme et de l'Église. La profondeur de ses convictions n'excluait pas en M. Édouard Hervé un libéralisme éclairé dont, assisté de son frère, M. H. de Kerohant, il donna fréquemment, et tout récemment encore, d'indiscutables exemples.

Depuis 1886, M. Édouard Hervé était membre de l'Académie française, où il succéda au duc de Noailles. Il fit partie du conseil municipal de Paris où il combattit contre la laïcisation des écoles et des hôpitaux et en faveur de la suppression des octrois.

Au point de vue politique, quelle que soit d'ailleurs l'opinion que l'on professe, aucun ami des libertés publiques ne devra oublier que M. Édouard Hervé se déclara franchement hostile au boulangisme, malgré le sentiment du prince qu'il servait, lutta toujours contre le césarisme, le déclarant le pire danger, sous quelque forme qu'il menace la France.

Au point de vue littéraire, M. Édouard Hervé appartint à la grande génération de ces journalistes qui pensaient que la pureté et l'élégance du style peuvent servir à l'expression de toutes les idées, même des plus violentes. Nourri de fortes études classiques, il connaissait à fond l'histoire de notre dix-septième siècle, et personne mieux que lui ne savait répondre au duc de Saint-Simon.

Causeur délicieux et intarissable, d'une mémoire prodigieuse, son esprit avait je ne sais quelle ironie douce tout à fait originale et charmante. En dépit de tout autre considération, ses goûts et ses préférences allèrent toujours à ce qui est dans la grande tradition française. Il aimait Pascal, La Fontaine, La Bruyère; il aimait Jean-Jacques, et, n'en déplaise à M. Brunetière, il aimait Voltaire. Cet esprit plutôt calme était capable d'enthousiasme. Je me souviens, au cours de belles journées passées auprès de lui sous le ciel de Grèce, d'avoir vu M. Édouard Hervé sur les marches du Parthénon, le chapeau à la main et les yeux pleins de joie, déclamer de beaux vers, comme il eût pu faire alors qu'il était encore normalien.

Je me souviens aussi comment, de la petite plage d'Eleusis, il décrivait, sur les lieux mêmes, la bataille de Salamine, telle qu'en réalité elle avait dû se passer, avec une fine ironie qui devenait, selon le sens étymologique, un procédé de discussion du plus pur atticisme. Je me souviens qu'il avait la foi, la sincérité, la charité et la justice. De tels sentiments sont l'honneur d'un homme; de tels hommes sont l'honneur d'une carrière.

Robert DE FLERS.

Le Moniteur Universel

Il y a, ce matin, une unanimité significative dans les journaux de tous les partis pour rendre un hommage ému à la mémoire de M. Édouard Hervé, dont la mort est une perte pour la politique, pour les lettres et, en particulier, pour le journalisme. Homme de cœur et d'esprit, loyal et courtois dans la polémique, ferme dans les convictions qui ne lui étaient pas inspirées seulement par des sympathies privées, Édouard Hervé était assurément une des personnalités les plus éminentes de la presse. C'était un chagrin pour ses amis de le voir depuis quelque temps, empêché par l'altération de sa santé, de consacrer à la direction du *Soleil*, dont on peut dire qu'il était la vivante et unique incarnation, l'activité qu'il y avait apportée autrefois. Doué d'un véritable tempérament de journaliste, incapable de changer d'avis suivant l'intérêt du moment ou sous la pression d'influences étrangères, Édouard Hervé aura été, toute sa vie, fidèle aux opinions qu'il avait professées dès la première heure. Serviteur indépendant, certes, mais dévoué de la monarchie, il n'en séparait pas la cause du culte du drapeau et de la patrie. C'était son honneur et ce restera un de ses plus solides titres aux regrets dont tous les gens de cœur salueront sa disparition.

Fait étrange et triste, un homme de cette valeur n'a pas pu rendre au pays tous les services que celui-ci en devait attendre. Il ne s'est trouvé nulle part une majorité suffisante pour l'envoyer siéger au Parlement où il aurait bien vite conquis sa place, qui ne pouvait être que la première. S'il était besoin de le prouver, il suffirait de rappeler son court passage au conseil municipal de Paris où il sut déployer ces hautes aptitudes et ce libéralisme d'esprit devant lesquels se sont toujours inclinés ceux-là même qui, tout en le combattant, ne pouvaient lui refuser non seulement leur estime, mais le témoignage de leur admiration.

C'est ce qui fait de la mort d'Édouard Hervé une perte cruelle pour toute la presse française. Est-il besoin d'insister sur l'atteinte particulière qu'en reçoit la presse conservatrice, et avec elle le parti royaliste? Édouard Hervé aura été toute sa vie à la peine; seul, son souvenir sera à l'honneur. C'est l'amertume suprême de quelques destinées d'élite de ne point recueillir dans cette vie le bénéfice de longs et généreux efforts et d'un inlassable dévouement. Cette amertume, notre éminent confrère y fit allusion, il y a quelques années, dans un discours public. Il sut la supporter avec un courage tranquille, prouvant ainsi que, chez lui, le caractère était à la hauteur du talent.

Ernest BAUDOUIN.

Le Messager de Paris

Le *Messager de Paris* est cruellement éprouvé. M. Édouard Hervé, gendre de M. Eugène Rolland, le fondateur de ce journal, est mort hier soir.

Il était malade depuis quelque temps, et son état de santé préoccupait sa famille est ses amis, qui étaient loin de prévoir cependant la brusque aggravation du mal, à laquelle il a succombé.

Après la mort, en 1878, de M. E. Rolland, qui avait créé le *Messager de Paris* et l'avait porté en peu de temps à un haut degré d'autorité dans le monde économique, politique et financier, la propriété de ce journal ayant été constituée en société anonyme, M. Édouard Hervé, gendre du fondateur, garda quelque temps la présidence du conseil d'administration de la société, mais la résigna bientôt, pour se consacrer à la tâche politique à laquelle il s'était attaché avec le plus entier dévouement. Ne voulant pas, cependant, devenir étranger à l'œuvre de son beau-père, il consentit à rester l'un des membres du conseil d'administration, conservant ainsi son concours moral aux collaborateurs qui continuaient, après celui qui l'avait créée, la publication du *Messager de Paris*.

Les notes biographiques que nous publions plus loin sur M. Édouard Hervé montrent quelles phases successives a traversées sa belle carrière de journaliste, depuis les temps où, entraîné hors du professorat par une vocation irrésistible de polémiste et d'écrivain, il luttait dans le *Courrier du Dimanche* et dans le *Journal de Paris* contre le régime impérial, jusqu'à la période la plus récente, où, directeur d'un grand journal, le *Soleil*, très lu des masses populaires comme des classes éclairées, il continuait à défendre, dans leur sereine rigidité, les idées politiques, sociales et religieuses auxquelles durant toute sa vie il resta fidèle.

Chevalier de la Légion d'Honneur en 1873, membre de l'Académie française en 1886, il ne fit qu'une courte incursion dans le domaine de la carrière politique active. Membre du conseil municipal de Paris pendant trois années, il a laissé à l'Hôtel de Ville le souvenir d'un homme possédant à fond les questions de l'ordre économique dans ce qu'elles ont de plus élevé, et ses collègues ont pu juger quels services il aurait pu rendre sur un théâtre politique plus vaste, si ses goûts l'avaient poussé avec plus de ténacité à y trouver sa place.

Homme politique d'un jugement très sûr, de convictions inébranlables, un militant dans toute la force du terme, il combattait avec tant de sincérité et ses armes étaient si courtoises, qu'il n'a jamais eu d'ennemis. Il n'avait que des adversaires, auxquels la droiture de son caractère imposait l'estime de l'homme et le respect de ses idées.

Royaliste, catholique, il était avant tout Français et n'eut jamais de pensée qui ne fût dirigée vers les intérêts et la grandeur de sa patrie.

Aucune question de politique intérieure, aucune question de politique extérieure, aucune d'économie politique ne lui était étrangère. Il les abordait toutes avec des idées personnelles et une rectitude de vues qui donnaient à la façon dont il les traitait une incontestable autorité.

On connaîtrait mal l'homme politique, si profondément honnête, qu'était M. Édouard Hervé, si l'on ne savait de quel esprit libéral il était animé : aucun progrès ne l'a jamais trouvé hostile ; il était prêt à accueillir, dans ce qu'il y trouvait de pratique et de sain, les réformes les plus hardies que comporte l'état social moderne.

Journaliste depuis sa jeunesse jusqu'à ses derniers jours, il emporte ce jugement universel de ses confrères, qu'il était l'honneur de sa profession. Il s'était fait la plus haute idée des devoirs qu'elle implique, des obligations qu'elle impose à ceux qui l'embrassent, et il les a pratiquées sans un jour de défaillance. C'est là, avec l'affabilité de son accueil, la sûreté de ses relations, l'élévation, même l'austérité de son talent, ce que prisaient surtout en lui ceux qui l'ont combattu comme ceux qu'il formait à son école.

Si dans son entourage on ne prévoyait pas un dénouement aussi rapide, M. Édouard Hervé ne s'illusionnait pas sur sa fin prochaine : la mort l'a saisi en pleine possession de son intelligence à la fois si vaste et si lucide. Fervent chrétien toute sa vie, il a fini chrétiennement, au milieu des soins que lui prodiguait Mme Hervé avec le plus tendre dévouement.

Nos lecteurs comprendront toute l'étendue de la perte que nous subissons aujourd'hui, et la profonde affection qui nous attachait à M. Édouard Hervé. Ils comprendront aussi l'irréparable malheur qui frappe la fille de M. Eugène Rolland, Mme Édouard Hervé, ainsi que ses enfants. Dans le grand chagrin qui nous accable, nous ne pouvons que leur dire combien nous nous associons affectueusement à leur profonde douleur, et assurer Mme Édouard Hervé, le comte et la comtesse de Grenaud, son gendre et sa fille, et M. Philippe Hervé, son fils, que nous sommes avec eux de tout cœur dans cette si cruelle épreuve.

LE MESSAGER DE PARIS

Le Matin

Au lendemain de la mort d'Édouard Hervé, je me suis fait un devoir de rendre témoignage à sa mémoire, à ses sentiments de justice et d'humanité. J'ai rappelé que ce conservateur, cet homme d'ordre, après avoir, en 1871, combattu avec courage la Commune, n'avait pas été de ceux qui avaient poussé à une répression féroce. Il ne s'était pas mêlé à la meute des journalistes de sang qui menaient l'hallali de la chasse aux vaincus.

En pensant à cela, bien des souvenirs personnels me sont revenus à l'esprit. C'est l'occasion d'ajouter une page à mes petits mémoires.

A cette époque, j'étais du gibier, j'étais de ceux qu'on chassait. Pendant deux ans, la meute a donné de la voix sur ma piste à pleine gorge. Ce n'est pas la faute de quelques aimables confrères si je n'ai pas figuré au tableau, si je n'ai pas été envoyé, non pas au poteau de Satory — c'eût été un peu raide! — mais en Nouvelle-Calédonie. Je ne leur en ai pas longtemps gardé rancune, ce n'est pas dans mon tempérament; mais j'ai eu une profonde gratitude à ceux qui, dans ces mauvais moments, avaient cherché à m'être utile. Ce fut le cas d'Édouard Hervé.

Le 24 mai, quelques minutes après la proclamation du scrutin qui renversait M. Thiers, dans la tribune du gouverneur militaire de Paris, une femme charmante de celles qui, à Versailles, de la pointe de leur ombrelle, essayaient de crever les yeux des fédérés prisonniers, prononça cette parole expressive : « Enfin, nous allons donc pouvoir pincer Ranc ! »

Dès le lendemain, un noble cœur, une belle âme, un « sympathique confrère », M. Henri de Pène, publiait dans le *Paris-Journal* un article, écrit en style soutenu, où il exposait que la conscience publique et les besoins de l'ordre moral exigeaient mon arrestation immédiate.

Pour me faire la moindre illusion sur ce qui m'attendait, il m'aurait fallu, en effet, une forte dose de naïveté. Je n'avais qu'à regarder autour de moi. Quel changement subit dans les manières, dans l'attitude de ceux qui m'approchaient, ou plutôt de qui je m'approchais ! A l'Assemblée nationale, certains de mes collègues républicains paraissaient extrêmement gênés. Quand j'avais la malice de les aborder devant des gens de la droite, ils fuyaient un contact compromettant. Je faisais le vide dans la galerie des Tombeaux. C'est dans ces occasions-là qu'on apprécie les beaux caractères ! Ce que cela nous amusait, avec quelques amis, Gambetta, Scheurer-Kestner, Laurent Pichat, Alphonse Peyrat, et d'autres, à contempler ces petites lâchetés !

Il fut bientôt décidé que je serais poursuivi et renvoyé devant les conseils de guerre. Vainement, M. Léon Renault, qui était alors préfet de police, exposa avec quelque vivacité devant le conseil des ministres que ce serait lui faire une situation assez singulière que de déférer à la justice militaire un conseiller municipal à qui il serrait tous les jours publiquement la main et avec qui il avait, à chaque session, discuté le budget de la préfecture de Police. Édouard Hervé intervint aussi auprès de ses amis vainqueurs et au pouvoir. Je n'étais pas son ami, mais j'avais été son collaborateur au *Journal de Paris* ; nous avions été camarades dans les luttes libérales contre l'Empire. Il s'en souvint et fit ce qu'il put pour détourner le coup. On ne l'écouta pas, pas plus qu'on n'avait écouté M. Léon Renault. Toute la presse réactionnaire hurlait. Les journalistes de sang aboyaient. C'est qu'il ne s'agissait pas seulement de moi : c'était le gouvernement de province qu'en me frappant on voulait atteindre ; c'était Gambetta qu'on visait. Est-ce que je n'avais pas été Son Éminence grise ? Les poursuites furent décidées.

Restait la procédure à suivre. J'étais représentant du peuple : donc, couvert constitutionnellement par l'immunité parlementaire. Quelques bons légistes pourtant faisaient observer que, n'étant pas encore validé, je ne devais pas bénéficier de l'immunité, que je n'étais pas inviolable, que par conséquent il n'y avait pas lieu de s'embarrasser d'une inutile autorisation de poursuites, et que le mieux était de m'appréhender au corps, sur-le-champ, sans avertissement préalable, pendant que je ne me méfiais pas. En quoi ces messieurs se trompaient : je me méfiais et je ne leur aurais pas donné la satisfaction de me laisser mettre la main au collet. Cela parut tout de même un peu vif. On recula devant cette exécution sommaire et le général de Ladmirault, gouverneur militaire de Paris, fut chargé de déposer sur le bureau de l'Assemblée nationale la précieuse demande.

L'affaire était réglée à l'avance. Les pourvoyeurs des conseils de guerre allaient être pleinement satisfaits. C'est pour l'honneur, pour le principe que Cazot et Henri Brisson prirent ma défense. Cent trente-sept voix seulement repoussèrent la demande d'autorisation. Quelques personnes trouvèrent ce chiffre un peu faible, puisque l'Assemblée comptait plus de deux cent cinquante républicains. Ce ne fut pas mon avis. Connaissant la bravoure des assemblées et la générosité des partis, je n'espérais pas aller au delà de la centaine.

Les honneurs de la journée furent pour M. Édouard

Laboulaye. Cet honorable membre de l'Institut, section des sciences morales, déclara avec une émotion communicative que ses amis du centre gauche et lui se feraient un véritable plaisir d'accorder l'autorisation demandée. « Dieu me garde, s'écria-t-il, d'accuser un collègue ! Je veux le croire innocent. Mais, s'il est innocent, qu'a-t-il à redouter? Qu'il se présente devant une juridiction loyale, impartiale et toute paternelle! Le conseil de guerre aura la joie de proclamer son innocence, et il reviendra parmi nous. Ai-je besoin d'ajouter que, ce jour-là, nos bras lui seront ouverts? » Et, gaillardement, en bon libéral qu'il était, M. Édouard Laboulaye renvoyait devant un tribunal d'exception, en vertu de l'état de siège, un accusé de crimes politiques.

M. Laboulaye, empruntant un de ses plus célèbres aphorismes à l'immortel Bilboquet (le plus saltimbanque n'était pas celui qu'on pense), conclut en affirmant que la politique était étrangère à l'événement.

La politique, peut-être, mais à coup sûr, pas l'encrier ! » Hélas ! c'était, moi qui, à l'époque du plébiscite, avais écrit dans la *Cloche*, que dirigeait alors Louis Ulbach, l'entrefilet intitulé : « Rendez l'encrier ! » M. Laboulaye en avait été ulcéré. La vengeance est un mets qui aime à être mangé froid. Il me servit un plat de bile cuite et recuite.

Le lendemain de la séance où la demande en autorisation de poursuites avait été déposée, le noble cœur, la belle âme, le « sympathique confrère » de qui j'ai déjà parlé, feu Henri de Pène, s'écriait avec désespoir dans le *Paris-Journal* : « Mais vous le prévenez! Croyez-vous qu'il va être assez simple pour vous attendre ? Il va s'en aller ! »

C'est ce que je fis, en effet. Quoique la légalité interdît de m'arrêter avant le vote de l'autorisation de poursuites, je n'étais pas sans quelque appréhension. Je craignais de rencontrer à la frontière un commissaire spécial zélé qui, sous un prétexte quelconque, m'aurait empêché de passer et retenu à sa disposition jusqu'au vote me livrant aux conseils de guerre. Le tour aurait été joué et on m'aurait ri au nez quand, ensuite, j'aurais protesté au nom du droit méconnu et violé en ma personne. Aussi pris-je mes précautions. Je choisis la ligne Paris-Longuyon, qui, pendant un certain temps, côtoie la frontière belge. J'étais bien documenté sur mon itinéraire. Arrivé à une halte, entre Montmédy et Longuyon, où le train s'arrêtait une minute, je descendis vivement, j'ouvris une porte à claire-voie, je franchis une petite passerelle... et j'étais en Belgique.

Quand je me retournai, le train repartait déjà. Je le saluai; puis, assis sur l'herbe, je fumai une cigarette avec la béatitude d'un homme qui vient d'échapper à une juridiction toute paternelle.

RANC.

Le Moniteur Universel

L'homme de cœur et de talent qui vient de disparaître, s'était créé, dans le cercle de ses nombreuses relations, de chaudes et solides amitiés. Il en fit naître d'autres, qu'il ignorait, parmi ses lecteurs.

L'ayant suivi pas à pas, pour ainsi dire, durant sa carrière, nous allons essayer de réunir ici quelques souvenirs, qu'on nous permettra de déposer, sur sa tombe à peine fermée, comme un affectueux hommage à sa mémoire.

Ceux qui habitèrent le quartier Latin ou ses environs, vers la fin de l'Empire, se souviennent de la curiosité passionnée avec laquelle on accueillait, dans le monde des étudiants, l'apparition du *Courrier du Dimanche*, et, plus tard, celle du *Journal de Paris*. On se passait de main en main la petite feuille sous les galeries de l'Odéon et les commentaires allaient grand train, surtout lorsque l'article était signé d'un nom aimé du public, comme par exemple de J.-J. Weiss, d'Édouard Hervé, ou de Prévot-Paradol.

C'est que la liberté de la presse était chose inconnue alors. Aujourd'hui, nous en sommes saturés, nous en avons des nausées. Dans ce temps-là, nous en étions à l'apéritif et c'était un vrai régal de le déguster, lorsqu'il vous était versé par l'un des maîtres en l'art d'écrire, nommés plus haut. Quelle adresse ne fallait-il pas déployer pour échapper, — non à la censure, il n'y en avait plus, — mais à l'avertissement préalable qui, des bureaux de la place Beauvau, guettait le malheureux écrivain !

Une fois, deux fois, et le troisième coup faisait balle : c'était fini. Il y avait bien un semblant de presse indépendante, mais l'on soupçonnait, non sans apparence de raison, qu'elle n'était là que pour le décor et qu'elle avait quelques accointances avec les fonds secrets de la cassette impériale. D'ailleurs, fait digne de remarque, cette presse, dite indépendante, ne s'exerçait guère qu'aux dépens des catholiques. M. Havin, au *Siècle*, M. Guéroult, à l'*Opinion nationale*, ses chargeaient de le démontrer chaque jour. Cela faisait partie du plan de gouvernement de M. de Persigny qui, dans se circulaires, mettait sur la même ligne, la franc-maçonnerie et la Société de Saint-Vincent-de-Paul. *Quos vult perdere.*

Pour entendre, sous l'Empire, une voix indépendante, il fallait aller jusqu'à l'Académie. Après le coup d'État du Deux-Décembre et tout le temps que dura l'apogée du règne, l'Académie fut le refuge des personnalités les plus éminentes des anciens partis.

Une séance de réception présidée par M. Guizot ou par le duc de Broglie était un événement. L'éloge d'Alexis de Tocqueville par le père Lacordaire eut un immense retentissement. Mais ces fêtes de l'esprit étaient rares. En dehors des articles de commande qui s'étalaient dans la presse officielle ou simplement satisfaite, on n'avait rien. Les feuilletons truculents de Théophile Gautier dans le *Moniteur* et la pyrotechnie fatigante de Paul de Saint-Victor dans la *Presse* étaient quasiment la seule nourriture intellectuelle offerte à la jeunesse cultivée, dans les journaux quotidiens du temps.

Dès lors la faveur qui entoura, dès leur naissance, le *Courrier du Dimanche* et le *Journal de Paris* s'explique.

Pour la première fois, on avait affaire à des écrivains vraiment indépendants, pour la plupart anciens élèves de l'École Normale supérieure, doués, par conséquent, d'une culture intellectuelle très forte, apportant à l'analyse des questions de jour, le sens critique le plus exercé et se jouant, à l'aide des finesses de la langue, du mauvais vouloir d'une censure ombrageuse, qu'ils devaient promptement réduire aux abois.

Ils n'étaient pas nombreux, mais sans être quarante, pour rappeler le méchant mot de Piron, ils avaient de l'esprit comme quatre. — Prévost-Paradol avait inauguré « la manière ». Quand le *Courrier du Dimanche* cessa sa publication, il émigra aux *Débats* et J.-J. Weiss s'unit à Édouard Hervé pour fonder le *Journal de Paris*.

Les deux amis étaient riches de talent et d'espérance, mais leur bourse était légère, Édouard Hervé a raconté en des pages pleines d'humour combien les débuts du *Journal de Paris* furent pénibles. Leur feuille était d'un très petit format. Ils la mirent bravement à 72 francs. De la part de celui qui devait, plus tard, être le créateur du grand journal quotidien à cinq centimes, et qui, dans cette combinaison, devait trouver la fortune, l'erreur, semble-t-il, était grave. Mais peut-être fut-elle le fait de son collaborateur. Du reste, les fondateurs du *Journal de Paris* visaient à la qualité, plus qu'à la quantité des lecteurs. Ils voulaient avoir l'élite, ils l'eurent et leur journal se répandit promptement dans les salons et les cercles les mieux fréquentés de la capitale.

Tout était contraste entre ces deux hommes qu'un jeu malin du sort semblait avoir rapprochés dans une œuvre commune. L'un, nourri en bonnes lettres, mais ayant surtout contracté le pli des études philosophiques, personnifiait en quelque sorte la raison pure. Il avait en outre, à un degré rare, le sens pratique des affaires et les talents de l'administration; c'était Édouard Hervé. L'autre, écrivain presque génial, ayant surtout étudié l'histoire, mais capable d'improviser, sur n'importe quel sujet, des articles éblouissants de verve et de bonne humeur; au demeurant, un peu bohème et aussi peu capable d'administrer un journal que sa personne, comme la suite le montre bien ; c'était J.-J. Weiss.

Les articles d'Hervé étaient d'une longueur moyenne et toujours composés avec un soin extrême. Ceux de Weiss, tantôt très longs, tantôt très courts, selon la fantaisie du moment. Il en est un de quatre lignes, au cours de la vigoureuse campagne qu'il soutint, en 1869, pour faire triompher la candidature législative de M. Dufaure. Un journaliste quelconque, aux gages du ministre de l'intérieur d'alors avait insinué que M. Dufaure avait été et pourrait bien être encore un *fossoyeur de monarchie*. — La riposte de J.-J. Weiss ne se fit pas attendre : « Je ne connais, disait-il, dans ce siècle, qu'un chef d'empire qui soit tombé dans un fossé, c'est l'empereur Maximilien. Le fossé est celui de Queretaro. »

De tels éclats étaient rares au *Journal de Paris*. Habituellement la politique s'y enveloppait de formes courtoises; les attaques les plus vives s'y dérobaient sous les fleurs. Par exemple, on y avait une singulière manière de louer Napoléon Ier.

« On a beau s'appeler Napoléon III, disait Édouard Hervé, ce chiffre III ne fait illusion à personne. Au début de ce siècle, la France eut à sa tête un homme extraordinaire, tellement extraordinaire, etc. » Suivait un éloge dythyrambique du premier empereur, dont son neveu ne pouvait décemment se fâcher, bien qu'il eût pour résultat de le reléguer terriblement dans l'ombre.

Weiss avait plus de ressources dans l'esprit que de rectitude dans le jugement ; on lui pardonnait tout à cause de sa verve endiablée qui rappelait celle de Saint-Simon. Un jour il fit avaler à ses lecteurs, — qu'on nous passe l'expresion — un éloge à tout rompre de Garibaldi, « ce condottiere audacieux qui, pendant plusieurs mois, avait tenu l'Europe pendue à ses talons ». — On reconnaissait déjà l'homme qui devait signer quelques années plus tard, dans la *Revue politique*, l'article à sensation : *M. Gambetta et le gouvernement*, gage, il est vrai, de son prochain retour aux affaires (1).

Avec Édouard Hervé, de tels soubresauts n'étaient pas à craindre. Outre que tout ce qu'il disait procédait chez lui d'une conviction réfléchie, le calme et la possession de soi-même furent toujours ses qualités maîtresses. Quand le comte Waleski mourut, ce fut lui qui fut chargé de rédiger pour le journal son oraison funèbre. Le ton sentencieux et gourmé qu'il affectait volontiers, lorsqu'il touchait aux sujets diplomatiques, le servit à souhait dans la circonstance. Qu'on en juge :

« La mort continue à faire des vides dans les rangs déjà si éclaircis des hommes d'État du second empire. Le *Moniteur* de ce matin nous apprend que M. le comte Waleski a succombé à une attaque d'apoplexie foudroyante. C'est une vé-

(1) Lorsque Gambetta forma le grand ministère, il récompensa Weiss en le nommant directeur politique au ministère des affaires étrangères, emploi qui demandait, comme le duc de Broglie l'a fait remarquer ici même, avec autant de finesse que d'autorité « presque toutes les qualités contraires à celles qui faisaient le succès du brillant écrivain ». Du reste le passage de l'ancien rédacteur en chef du *Journal de Paris* au quai d'Orsay fut de courte durée. Par un contraste où il est permis de voir un juste retour des choses d'ici-bas, Edouard Hervé est mort membre de l'Académie française, ce qui, en somme, est un couronnement de carrière assez enviable, tandis que son ami, après avoir servi successivement le ministère du 2 janvier, le gouvernement de l'ordre moral et le parti radical sous le *principat* de Gambetta (nous servons à dessein de ce mot qu'il avait inventé pour qualifier le gouvernement de M. Thiers, infiniment moins personnel que celui du dictateur), — Weiss, disons-nous, s'est éteint obscurément dans la sinécure dorée de bibliothécaire du palais de Fontainebleau.

ritable perte pour le gouvernement impérial. Le comte Waleski n'appartenait cependant pas à la famille des hommes d'État de premier ordre. Bien qu'il ait dirigé tour à tour notre diplomatie et notre Parlement, bien qu'il ait occupé le fauteuil de Royer Collard après avoir tenu dans ses mains le portefeuille d'Hugues de Lyonne, ce serait lui faire tort, ce serait surcharger sa mémoire d'un poids trop lourd, que d'évoquer à propos de sa mort, le souvenir des grands politiques de l'ancienne France, ou celui des grands orateurs de la France parlementaire. »

De tels articles, où la noblesse de style le disputait à l'élévation de la pensée, devaient, on le comprend, faire sensation dans le petit cercle intime des Tuileries. A mesure que l'ancien état de choses tendait à se modifier, que les barrières répressives tombaient, on les lisait avec avidité, comme s'ils eussent gardé nous ne savons quel parfum de fruit défendu. Il n'est pas téméraire de penser que, plus d'une fois, lus dans la solitude du cabinet impérial, ils durent influencer dans le sens des réformes libérales, la volonté, toujours quelque peu hésitante du souverain.

L'année 1869 et la première moitié de celle de 1870 furent la période la plus brillante du *Journal de Paris*. On y vit figurer, parmi les rédacteurs MM. Claveau, Derôme, Depasse, Delprat, Francisque Sarcey, et deux hommes, que l'on est un peu étonné aujourd'hui, de rencontrer dans un tel milieu, MM. Ranc et Spuller. — Ce dernier préludait à ses futures fonctions de pontife du parti opportuniste, en rédigeant alternativement avec Édouard Hervé, le Premier-Paris. Sa prose lourde et pâteuse, mais qui ne manquait pas de solidité, souffrait de la comparaison avec celle de son émule.

Ranc rédigeait la *Chronique théâtrale*. C'était ce qu'on avait trouvé de moins compromettant pour le futur membre de la Commune, dont toutes les relations étaient avec les membres des Sociétés secrètes, que sa situation de fils d'un ancien proscrit du Deux-Décembre l'avait amené à fréquenter. — Quel retour Édouard Hervé dut-il faire plus tard sur le passé, lorsqu'il vit ses deux anciens rédacteurs devenus, l'un ministre des affaires étrangères de la République l'autre, l'Éminence grise de Gambetta, le conseiller le plus écouté du parti républicain! — Mais nul, dans ce temps-là, n'aurait pu découvrir ce qui se cachait derrière le voile obscur de l'avenir. La prose de M. Ranc, de qualité moyenne, ne faisait point tache dans le journal, encore qu'elle s'exerçât sur des sujets frivoles. Les critiques littéraires de M. Derôme, — du père Derôme, comme on l'appelait, — étaient exquises. Celles de M. Anatole Claveau, pour être d'une autre marque, ne leur cédaient en rien, et M. Francisque Sarcey, qui n'avait pas encore été piqué de la tarentule anticléricale, avait ouvert, à la troisième page, un petit commerce de bon sens ; il y débitait des maximes bien frappées, qui reluisaient comme des médailles neuves.

On eut alors, avec le *Journal de Paris*, l'illusion d'une vraie gazette du XVIIe siècle, telle que Mme de Sévigné aurait pris plaisir à la lire et à laquelle, — qui sait, — elle eut aimé peut-être à collaborer. Tout y était politesse, bon goût, tact, mesure, esprit de meilleur aloi. On y causait comme dans un salon. Que les temps sont changés! Aujourd'hui Mme de Sévigné s'appelle Gyp et le vocabulaire des halles est devenu la langue courante du journalisme. Conséquence inévitable, à ce qu'on assure, de l'avènement de la démocratie.

Lorsque la guerre de 1870 éclata, Weiss alla collaborer à la *Patrie* en province. Édouard Hervé resta à son poste, et il y fit bravement son devoir, soit comme journaliste, soit comme garde national. Il y resta également pendant la Commune, maintint les droits de la presse libre en face de l'insurrection triomphante et cela, au péril de sa vie, puisqu'il s'en fallut de bien peu qu'il ne fût saisi, incarcéré comme otage et probablement fusillé.

Porté sur la liste de l'Union libérale, pour le département de la Seine, à l'élection d'où sortit l'Assemblée nationale, il ne fut pas élu et se consacra tout entier à la fondation et à l'organisation d'un nouveau journal, le *Soleil*, qui représentait, dans sa pensée, une conception du journalisme toute différente de celle qui avait présidé à la création du *Journal de Paris*.

Avec sa largeur de vue et sa sûreté de coup d'œil habituelle, Édouard Hervé avait bien vite compris, que le temps de l'opposition de salon était passé, qu'il fallait sortir des petits cénacles et des Académies, pour aller droit à la foule, à ces masses profondes du suffrage universel, encore inconscientes de leur force, pour les éclairer, les endiguer, si c'était possible, leur faire accepter la seule solution constitutionnelle compatible, à ses yeux, avec le rétablissement de la prospérité publique, la conservation de la grandeur et de la sécurité nationales.

Il s'appliqua donc à faire un journal populaire, dans le bon sens du mot, varié, intéressant, attribuant une large place à l'actualité, au fait divers, sans basse concession à la curiosité malsaine du public.

Au lieu de chercher le succès, comme tant d'autres, dans l'exploitation d'une passion ou d'un préjugé, dussent nos discordes intérieures en être singulièrement accrues, le directeur du *Soleil* s'efforçait de découvrir les questions d'intérêt général qui, correspondant à un besoin universellement senti, avaient chance de grouper les volontés et de les condenser, en quelque sorte, dans un grand mouvement d'opinion. Sa campagne pour la suppression des octrois et pour leur remplacement par la surtaxe des droits sur l'alcool en fut un exemple. En même temps, il apportait le plus grand soin à l'amélioration de la partie matérielle du journal. Le choix des caractères d'impression, et la distribution typographique des matières étaient, de sa part, l'objet d'un soin minutieux. Il s'était attaché, pour les correspondances étrangères, des rédacteurs d'un réel mérite : voilà pour sa clientèle diplomatique. La même clientèle trouvait bien un peu à redire à certaine littérature un peu plate, qui avait pour but de faire accepter le journal dans des milieux où les diplomates n'ont pas coutume de fréquenter. Faut-il rappeler ces chroniques de Jean de Nivelle, où le dernier fait-divers était commenté chaque jour avec une incroyable facilité ? Bientôt on trouva le *Soleil* sur toutes les tables, chez tous les petits fonctionnaires, dans tous les lieux publics. Il fut évident que ce journal allait devenir, soit pour l'attaque, soit pour la défense, un puissant moyen d'agir sur l'opinion.

Dès cette époque, Édouard Hervé écrivait peu, probablement parce qu'il ne prenait la plume que lorsqu'il avait quelque chose à dire. Tenir le rôle d'un Drumont ou d'un Veuillot lui eut été impossible. Mais ses paroles portaient loin ; elles intervenaient toujours avec un singulier à propos et donnaient en quelque sorte, le *la* à l'opinion. Même quand sa signature était absente du corps du journal, on sentait sa présence, comme celle d'un chef d'orchestre invisible qui aurait pressé ou ralenti les mouvements. C'est pourquoi le *Soleil*, à l'époque la plus brillante de sa prospérité, présente une si remarquable unité de redaction.

En relation suivie avec les principaux représentants du parti royaliste, il acquit sur le centre droit une influence réelle. Il s'en servit pour amener les anciens Orléanistes à reconnaître sincèrement et sans arrière-pensées, les droits de la monarchie légitime. Le principe héréditaire lui paraissait une conquête d'un trop haut prix, pour qu'on dût marchander les conditions de son rétablissement. Que n'a-t on pas dit sur « l'intrigue orléaniste », qui aurait, suivant une légende accréditée, fait échouer la Restauration !

En tout cas elle n'eut jamais son centre, on peut l'affirmer, dans le bureau du directeur du *Soleil*. Durant l'intervalle qui s'écoula après le renversement de M. Thiers, du 24 mai au 27 octobre, — nous parlons ici en témoin, — on le vit multiplier les démarches, aller de groupe en groupe, prodiguer les assurances, déployer toutes les ressources d'une éloquence persuasive pour amener la majorité à reconnaître la nécessité de la solution royaliste. Et à qui s'adressaient ses avances ? Aux membres du centre droit pour leur persuader de céder, presque sur tous les points, à la Droite. C'est ce qui faisait dire à M. Ernoul, ministre de la justice, en notre présence : « Hervé est un des piliers de la fusion. »

Il voulait sincèrement que le Prince appelé à renouer la chaîne de la tradition au sommet de l'État, y apparût dans la majesté de son principe, en possession complète de toutes ses prérogatives, sans diminution d'aucune sorte. Il comptait sur la force des choses pour l'éclairer et aussi sur les inspirations d'un patriotisme qu'il savait être vivant au cœur du Comte de Chambord. Non qu'il se fît illusion sur l'épaisseur des préjugés entretenus chez le Prince, par des conseillers mal avisés, sur la terre d'exil. Mais il cherchait à se rassurer en se rappelant un mot de Berryer dont le témoignage ne lui paraissait pas suspect : « Le Comte de Chambord, avait dit le grand orateur, a de grosses écailles sur les yeux, mais elles tomberont, et vous verrez un beau règne. »

Aussi, quand les premières assurances rapportées de Frohsdorff par M. Chesnelong firent espérer qu'un accord définitif allait-être conclu entre le Roi et l'Assemblée, il n'hésita pas à brûler ses vaisseaux et publia dans le *Soleil* un article qui commençait par ces mots : « Henri V.... qu'il nous soit permis de lui donner ce nom qu'il portera dans l'histoire » et qui finissent par ceux : « L'entrevue de Salzbourg avait refait la famille royale. L'entrevue de Frohsdorff a refait la monarchie. »

On sait ce qui suivit. Édouard Hervé demeura ferme sous le choc de l'événement aussi imprévu que gros de funestes conséquences. Il conseilla de préparer une ligne de retraite pour l'armée royaliste mise en déroute, avant même d'avoir combattu. Cette ligne de retraite était tout indiquée; elle ne pouvait être que la prorogation, c'est-à-dire une organisation plus forte et plus durable du pouvoir présidentiel. — Le mot d'ordre qu'il donnait alors à ses amis et qui, par malheur, ne fut qu'imparfaitement suivi, était celui-ci : « Organiser la monarchie sans la proclamer. » — Le duc de Broglie était dans le même sentiment. Le projet de loi qu'il présenta, étant ministre de l'intérieur, relativement aux lois contitutionnelles, contenait un grand nombre de dispositionsexcellentes. Il fortifiait le pouvoir exécutif, lui assurait une prépondérance marquée sur le pouvoir parlementaire, réduisait la Chambre des députés à un rôle de contrôle, instituait une Chambre haute qui, complètement distincte, par son origine, de la Chambre issue du suffrage universel était d'autant plus apte à réprimer ses écarts et à procurer à la nation, la possession inviolable de son droit public.

M. de Marcère, qui mène une si vive campagne à l'heure actuelle contre la Constitution de 1875, avec l'assistance de M. Charles Benoist, pourrait faire plus d'un emprunt utile au projet ébauché par M. le duc de Broglie. Il est vrai qu'il lui répugnerait peut-être de placer au sommet, la maîtresse pièce que l'illustre homme d'État avait en vue, comme la clé de voûte de son édifice, et qu'une fortune implacable a refusée, jusqu'à ce jour, à la France.

Le projet de loi présenté par le duc de Broglie fut rejeté et entraîna sa chute. Dès lors, il fut évident que cette

Assemblée, naguère si unie, où s'étaient manifestés de si magnifiques élans vers le bien public, allait aboutir faute d'une idée directrice, au gâchis et à l'impuissance. Ce fut bien pis quand la défection, — le vrai mot serait trahison, — de M. de la Rochette et de ses six collègues, livra soixante sièges sénatoriaux à la gauche. Que pouvait faire Édouard Hervé? Il protesta. Dans un article empreint de tristesse indignée, il voua les sept « au remords éternel de leur conscience et à la malédiction de l'histoire ».

Le rôle du directeur du *Soleil*, avant, pendant et après le Seize-Mai, est trop connu pour qu'il y ait lieu d'y insister. On sait également ce qu'il fut pour les Princes, avec quelle éloquence il défendit le duc d'Aumale menacé d'être rayé des cadres où il occupait une place si glorieuse, avec quelle habileté il montra la propriété du grade militaire menacée dans la personne du héros de la Smala, avec quelle énergie enfin il protesta contre la loi d'exil. Quand le Comte de Paris mourut, les premiers actes par lesquels le jeune chef de la Maison de France se mit en rapport avec son parti, n'eurent pas de conseiller mieux inspiré, ni d'approbateur plus affectueux que lui.

Le Comte de Paris avait pour Édouard Hervé une amitié sincère et une estime profonde. Il le lui témoigna en acceptant d'être le parrain de son fils Philippe. S'il était permis d'établir un rapprochement entre deux hommes placés dans des situations aussi différentes, nous dirions que l'un et l'autre durent beaucoup à leurs mères respectives. « Paris, disait la reine Marie-Amélie, c'est une conscience. » La mère d'Édouard Hervé lui avait transmis la foi simple et robuste des Vendéens. Il lui dut en grande partie, comme il aimait à le rappeler, l'énergie de ses croyances.

On raconte que le prince Napoléon dit un jour, en sa présence, dans un de ces accès d'impiété grossière qui lui étaient familiers : « Des catholiques, — j'entends des catholiques sincères, — il n'y en a plus. » — Chacun se taisait devant l'Altesse Rouge. Une voix s'éleva, nette et claire : c'était celle d'Édouard Hervé : « Pardon, Monseigneur, il y en a. Et la preuve, c'est que je le suis. » Il défendit en toute occasion, avec autant d'à-propos que de fermeté, les droits de la conscience religieuse. Il en fut récompensé par la mort, si profondément chrétienne, dont le *Soleil* nous a transmis les édifiants détails.

Son extérieur prévenait peu en sa faveur. Grand, maigre, la figure osseuse, le menton glabre, les cheveux noirs collés aux tempes, il avait, disons-le sans détour, l'abord peu séduisant. Parlait-il, aussitôt l'impression s'effaçait ; sa physionomie s'éclairait, la glace était rompue, on était sous le charme.

Nous lui fûmes présenté, il y a une vingtaine d'années, dans un salon ami. Telle était sa notoriété que lorsqu'il entra, accompagné de sa jeune femme, alors dans tout l'éclat de sa grâce et de sa beauté, un grand silence se fit ; les conversations demeurèrent quelques instants suspendues. Il se plaignit des fatigues que lui avait occasionnées sa carrière déjà longue, de journaliste. Et, comme nous faisions allusion aux services que la Monarchie pouvait attendre de lui : « Oh, répondit-il en secouant la tête d'un air découragé, la Monarchie ne se fera pas ». — Nous le quittâmes sur cette parole, non sans avoir insisté sur l'imprévu qui tient une si grande place dans les affaires humaines comme il apparaît, pour ainsi dire, à chaque page de notre histoire.

Le comte de Chambord vivait alors et Gambetta aussi.

Croire à quelque chose est bien ; y conformer sa vie, non seulement dans les grandes lignes, mais encore dans les moindres actes, est encore mieux. C'est en quoi consiste le caractère et c'est par le caractère surtout qu'Édouard Hervé s'est imposé au respect et à l'admiration de ses contemporains.

Aussi l'opinion publique ne s'y est-elle pas trompée et lorsque l'Académie française l'appela à succéder au duc de Noailles, tout le monde comprit ce que l'Académie avait voulu honorer en lui, c'était moins le penseur et l'écrivain, — tout recommandables qu'ils fussent, — que l'homme de caractère.

Son style n'était pas à facettes, comme celui, trop vanté, à notre avis, de John Lemoinne : il n'avait pas la grâce attique de Prévost-Paradol, encore moins le bouillonnement impétueux qui faisait l'originalité de celui de J.-J. Weiss ; il était uni et calme, bien pondéré et surtout d'une extraordinaire clarté. On n'y pouvait changer un mot, rien ajouter ni rien retrancher, tellement tout était à sa place. Admirable effet de la logique dans une tête bien faite, qui explique aussi peut-être, dans une certaine mesure, l'enchaînement de tous ses actes.

Qualis ab incepto. — Tel j'ai commencé, tel je finirai. — Cette fière devise de Montalembert aurait pu être aussi celle d'Édouard Hervé. Il n'a jamais dévié de la ligne de conduite qu'il s'était tracée. Il n'a jamais écrit une ligne qui pût être mise en contradiction avec celles qu'il avait écrites la veille. Ils sont rares, soit dans la presse, soit dans la vie publique, ceux dont on peut rendre ce témoignage : qu'ils ont été constamment d'accord avec eux-mêmes, n'importe le temps, n'importent les circonstances. Il faut, pour en arriver là, une grande rectitude de jugement jointe à un inflexible sentiment du devoir.

Au conseil municipal de Paris, où il siégea pendant quatre ans, il se révéla homme d'affaires consommé. Son procédé était simple. Il prenait le dossier d'une l'affaire, l'éventrait en quelque sorte, le fouillait dans tous les détails, se l'appropriait dans les moindres parties, puis il montait au bureau, et dans une langue claire, familière, accessible à tous, il démontrait le fort et le faible de la question, sans parti pris, sans préjugé, faisant appel uniquement à la raison de ses auditeurs, et parvenant plus d'une fois à les convaincre à force de droiture et de sincérité. Comme on le savait inattaquable au point de vue de l'honnêteté, l'assemblée subissait parfois, quoique très rarement, l'ascendant de cette parole lumineuse en laquelle brillaient les meilleures qualités de l'esprit français.

Au Parlement, — s'il était parvenu à en forcer les portes, — nul doute qu'il n'eût été un *leader* incomparable. C'est qu'il excellait à trouver le mot juste, à mettre le doigt sur le point sensible, dans une discussion passionnée. Il s'était formé à l'école des hommes d'État anglais. Il avait acquis leur sûreté de coup d'œil, leur tact supérieur à manier les idées et à les faire servir au groupement des volontés. Un parti conservateur fortement organisé n'aurait pas laissé se morfondre un homme de cette valeur dans les antichambres du journalisme; il l'eût adopté et fait entrer de haute lutte dans l'une ou l'autre Assemblée.

Mais il était écrit qu'Édouard Hervé, comme beaucoup de ceux qui naissaient à la vie publique aux environs de 1870, ferait partie « d'une génération sacrifiée. » Le mot est de lui; il est amer et l'on pourrait être tenté de le trouver vrai si l'on ne savait qu'aucun effort n'est perdu ici-bas, que le succès immédiat n'est pas tout, qu'il faut compter le résultat définitif et que tout soldat qui donne sa vie pour une cause juste, n'a pas perdu sa peine, quels que soient l'heure et le lieu de la récompense.

Arnold Mascarel.

Le Monde Illustré

Avec M. Édouard Hervé disparaît l'unes des physionomies les plus estimables de ce temps. Sans avoir joué un rôle politique actif, il eut à certaines heures une action sur l'opinion publique et, en toutes circonstances, il agit selon sa conscience et selon son devoir,

Né à la Réunion, il vint en France et entra dans la presse à laquelle il a, depuis lors, toujours appartenu. Sa plus brillante période comme journaliste coïncida avec les dernières années de l'Empire. Fort ami des princes d'Orléans, il était surtout préoccupé d'obtenir du gouvernement une politique sage et libérale qui s'appuyait sur des princes redoutés de tous, parce que tous ignoraient leurs projets. « Je ne puis mieux comparer le talent de M. Hervé, à cette époque, a dit M. Teste, qu'à une glace sans défaut. En le lisant, on ne voyait pour ainsi dire pas les mots, tant la pensée avait de simplicité, de clarté, de convenance, de perfection, et tirait sa déduction d'elle-même. »

Le talent de M. Édouard Hervé brilla de tout son pur éclat dans le *Journal de Genève*, de 1865 à 1866, et dans le *Journal de Paris*, de 1867 à 1870.

Après 1870, il fallut se mettre en face de la démocratie, dont la République avait pris la direction à l'Empire. Ce fut une période d'activité combattive durant laquelle M. Hervé publia des séries d'articles très vibrants.

En 1873, il fondait le *Soleil*, et la même année, il était nommé chevalier de la Légion d'honneur.

Entouré de la considération publique, ayant obtenu la consécration de son talent par sa réception à l'Académie française, il n'en sentait pas moins de façon cruelle la perte ou l'affaiblissement de ses espérances politiques, qu'il n'a pu voir se réaliser.

M. Hervé n'a publié aucun livre. On a de lui des recueils d'articles de revue sur l'Irlande et l'Angleterre, dont il admirait fort les institutions. Il rêvait du pouvoir, et ses aptitudes le désignaient pour être un homme d'État remarquable. Mais il fut découragé par les longueurs et les délais.

Ses articles resteront des chefs-d'œuvre de style et surtout des chefs-d'œuvre d'enseignement politique dignes d'attirer sur lui l'estime de tous les partis.

M. Édouard Hervé fit partie du conseil municipal de Paris de 1881 à 1884. Il y combattit le système de la laïcisation des écoles et des hôpitaux. C'est aussi à ce moment qu'il fit une campagne ardente pour la suppression des octrois et qu'il se livra à une enquête approfondie sur les logements ouvriers. Il ne demanda pas le renouvellement de son mandat.

Il était vice-président du comité de l'Association des journalistes parisiens depuis la fondation de cette Société.

Le Petit Bleu de Paris

Je vis Édouard Hervé pour la première fois en 1869 dans le salon de mon père. J'avais vingt et un ans; tout ce que Paris comptait de libéraux, à cette époque, passait par l'appartement de la place de la Madeleine, car le salon étant trop petit, on ouvrait les chambres à coucher. Orléanistes et républicains, légitimistes et radicaux fraternisaient pour la défense des « libertés nécessaires ». On voyait même quelques bonapartistes indépendants qui devaient, plus tard, entrer dans le tiers parti, dont M. Latour du Moulin fut un des fondateurs.

D'Haussonville, le père, y coudoyait Jules Grévy et de Larcy se rencontrait avec Bancel.

Édouard Hervé avait alors trente-quatre ans, et il était déjà célèbre par les articles qu'il avait publiés au *Courrier du Dimanche*. Créole, originaire de l'île Bourbon, il vint un jeudi soir, à la tête d'une délégation coloniale, offrir à mon père, au nom des citoyens et des dames de l'île de la Réunion, deux beaux bronzes représentant les *Lutteurs* et la *Vénus de Milo*, achetés par souscription, et en reconnaissance des discours prononcés le 26 janvier et le 15 avril 1869 en faveur de notre colonie.

Il était fort timide, fort modeste, il prononça quelques mots pleins de cœur, où l'on sentait à la fois son vif amour pour ses compatriotes et son respect attendri pour l'orateur qui avait été leur interprète au Corps législatif.

Car ce journaliste brillant, souvent passionné et mordant

et même éloquent, était d'allure extérieure assez froide, mais il suffisait de l'approcher pour comprendre tout ce qu'il y avait de bonté, d'affabilité et même de tendresse, et surtout de fidélité pour ceux qui le fréquentaient.

Depuis 1869, je n'eus que des relations intermittentes avec lui, mais il vous accueillait toujours avec bienveillance. Bien qu'on ne partageât pas ses opinions, on rencontrait auprès de lui cette courtoisie, cette urbanité, cette politesse, toutes ces qualités charmantes et précieuses de l'homme bien élevé, qui tendent à disparaître aujourd'hui.

Le style c'est l'homme. Il était de cette race de journalistes qui savaient exprimer leur pensée sans grossièreté et sans violence. Il avait cette opinion qu'on peut défendre ses idées avec autant de force et avec plus d'autorité, en ne les enveloppant pas dans une forme acrimonieuse et insultante, tout en leur conservant leur netteté et leur précision, et il devait déployer d'autant plus d'habileté et d'autant plus d'adresse qu'il voulait faire entendre de dures vérités à un régime peu soucieux de l'indépendance des écrivains. Il fallait, pour dire tout ce qu'on avait à dire, sans s'exposer à la prison, avoir beaucoup de talent. Et ses campagnes dans le *Courrier du Dimanche* et dans le *Journal de Paris*, sont restées comme des modèles de l'art du polémiste et de l'opposant.

Et c'est peut-être la seule reconnaissance que nous puissions avoir pour l'Empire. C'est qu'il avait, grâce à sa législation oppressive, fait naître toute une pléiade de journalistes qui, malgré l'absence de liberté, réussissaient à faire entendre leurs voix, sachant éviter le péril, se soustraire à l'application des décrets dictatoriaux et des lois de combat, dépensant des trésors d'esprit, de science et de connaissances, maniant la plume comme un fleuret, avec dextérité et souplesse, et blessant les adversaires sans être accusés d'incorrection ou de traîtrise.

Il fallait, dans ce temps-là, avoir beaucoup de talent et surtout être un homme de lettres. On n'entrait pas dans la presse comme dans un cirque ou dans une baraque de lutteurs, et on tenait, avec un soin jaloux, à conserver une réputation de distinction et de haute valeur intellectuelle.

Édouard Hervé avait des adversaires politiques parce qu'il avait des convictions ardentes; il n'avait pas d'ennemis parce qu'il avait le respect de la profession, et qu'il n'aurait jamais voulu s'attaquer aux personnes. C'était le lutteur pour l'idée, pour la doctrine, pour sa foi. Il a voulu être journaliste, il l'est resté pendant près de quarante ans, et il a réussi à faire du *Soleil* un des journaux les plus importants.

Ce timide était un courageux; il l'a prouvé quand il luttait sous l'Empire, et plus tard quand il continua la publication du *Journal de Paris*, sous la Commune, et quand il combattit les actes du gouvernement insurrectionnel.

Sa grande, sa seule ambition était d'être député; si les assemblées délibérantes étaient ouvertes à tous les hommes de talent, sa place y eût été marquée à un des premiers rangs. Il tenta l'aventure trois fois, il ne fut pas élu, et il ne trouva pas un seul coreligionnaire politique qui s'effaçât devant lui dans un arrondissement; il portait trop d'ombrage aux médiocres.

Sa seule satisfaction, en dehors du journalisme qu'il aimait tant, fut d'entrer à l'Académie française, non seulement comme journaliste, mais comme auteur d'intéressants ouvrages historiques.

Il était, et est toujours resté orléaniste, malgré l'appui qu'il donna à la fusion. Il semblait qu'un homme aussi bien doué dût exercer dans son parti une action considérable. Il était très consulté, très écouté, et aussi très suivi, mais il n'occupait pas la place qui aurait dû lui être réservée. Peut-être lui en voulait-on parfois de sa franchise, peut-être causait-il quelque ombrage à d'autres conseillers; il était respecté, mais il était tenu éloigné. Et s'il conservait dans son cœur quelque amertume, il mettait une certaine coquetterie à ne pas la laisser paraître.

Édouard Hervé était un adversaire résolu de la République, nous l'avons vivement combattu, mais nous saluons aujourd'hui l'homme qui honorait notre profession, et qui reste pour les journalistes d'aujourd'hui, habitués aux brutalités et aux violences, comme un modèle de correction, comme un exemple d'urbanité et comme un polémiste de haute valeur et de grand talent.

Gustave Simon.

La Presse

Une tête curieuse, glabre et fine, intelligemment laide avec une bouche d'intense ironie, une voix faible et comme brisée par une perpétuelle aphonie, et c'était Édouard Hervé, membre de l'Académie française, directeur politique du *Soleil*.

Édouard Hervé fut un grand journaliste, il aimait son métier comme il faut le savoir aimer, jusque dans les plus petits détails. Dans son cabinet du *Soleil*, au milieu du brouhaha et de l'agitation des boulevards entr'aperçus par les croisées, il était le maître, d'ailleurs bienveillant et doux, aimant à faire causer les jeunes, excitant leur ambition et leur zèle par d'adroites paroles. Devant le *marbre* de l'atelier typographique, il était le parfait secrétaire de la rédaction, s'entendant comme pas un à *mettre en pages* et à donner aux protes de précieuses indications qui donnent la vie et la beauté matérielle à un journal.

Parfois, de santé débile et ne trouvant pas aisément le sommeil, il arrivait vers cinq heures du matin aux machines et surveillait le tirage en causant avec les ouvriers qu'il aimait. Ce directeur était journaliste jusqu'au bout des ongles, cet homme du monde avait une prédilection pour les modestes et les travailleurs, ce monarchiste poussait jusqu'au scrupule le souci du libéralisme.

Et qui dira le charme de ses conversations? Il arrivait dans la salle de rédaction du *Soleil* où depuis quelques années il ne faisait que de trop rares apparitions, il se découvrait, car il était excessivement poli, de cette politesse rare et raffinée que l'on ne rencontre plus, et il allait de l'un à l'autre rédacteur, s'informant des nouvelles mondaines et de la politique, de la science et de la littérature, comme un confrère qui serait venu en visite et aurait fait un bout de causette.

Il avait l'art des anecdotes, qu'il contait avec la singulière précision, la netteté tranchante et la limpidité de style qu'il mettait dans ses articles. Et jamais il ne mettait sa personnalité en avant, sauf pourtant quand il contait ses débuts de directeur.

C'était à l'exposition de 67. Pendant que la foule des Parisiens courait aux endroits où l'on s'amuse, Édouard Hervé observait patiemment dans la section des machines, celle qui servait à fabriquer la pâte de bois, grâce à laquelle, le papier devenant meilleur marché, il put fonder le premier grand journal d'un sou : le *Soleil*.

Pendant trois ans, il rumina son idée. La guerre vint et, dans l'anxiété patriotique de chacun, le projet fut interrompu pour s'élaborer définitivement quelques mois plus tard.

Ce fut la belle époque du leader orléaniste. Je le répète, ses articles valurent surtout par leur admirable limpidité. Il raturait impitoyablement tout ce qui ne lui semblait pas absolument clair. On peut dire qu'il fut académique, celui-là, dans le bons sens du mot, quand académique est le synonyme de français.

Il apporta tant de soin à cette œuvre éphémère et à cette besogne gigantesque qu'il délaissa les travaux historiques auxquels son goût de l'étude semblait le prédisposer spécialement. L'on ne trouve de lui à la Bibliothèque Nationale que deux livres; mais sa véritable œuvre est dans la collection du *Soleil*, et c'est là que les historiens futurs devront l'aller chercher, s'ils veulent se rendre exactement compte du mouvement contemporain, auquel Édouard Hervé a si largement contribué.

Cet homme probe et ce merveilleux confrère n'eut que peu d'ennemis. Dans sa carrière de polémiste il ne compte qu'un duel, un duel avec Edmond About, et dont Hervé contait les péripéties en souriant, ce qui prouve que la rencontre ne fut pas terrible et que les adversaires, s'estimant, durent oublier aussitôt après les motifs politiques qui les avaient divisés.

Jamais directeur ne fut autant aimé de ses collaborateurs, qui étaient presque tous ses amis, et de longue date. A leur tête, il avait placé son frère, M. Hervé de Kérohant, qui a hérité des traditions de droiture et de libéralisme du maître.

Et depuis longtemps, celui-ci n'effectuait plus de direction active ; mais il était là par la pensée, il suivait de loin les moindres détails qui pouvaient intéresser son journal. « A mon âge, l'on se repose, » répétait-il souvent. Et il avait déposé sa plume à cet âge où tant la manient encore, impitoyablement, pour ne pas laisser de leur talent un souvenir amoindri.

Tous les journalistes ont le devoir, à quelque opinion qu'ils appartiennent, de saluer la dépouille de ce doyen qui s'en va, qui a honoré et illustré leur profession, à laquelle son nom restera perpétuellement attaché.

Henri GUDIEL.

Le Radical

Dans l'article que le *Soleil* a consacré à son directeur, M. Édouard Hervé, on lit : « Homme d'expérience et de bon conseil, ses amis politiques ne manquaient jamais de le consulter dans les situations critiques et difficiles, quitte à le tenir éloigné, lorsque grâce à ses sages avis quelques difficultés se trouvaient aplanies ou supprimées. M. Édouard Hervé en souffrit beaucoup sans se plaindre. »

Et dans le *Figaro*, un des plus vieux et des plus intimes amis d'Hervé écrit : « On déclarait à tout venant qu'il était fait pour diriger et pour commander; on lui rendait d'éclatants témoignages platoniques; seulement on ne l'utilisait qu'à moitié; on le prônait beaucoup, on s'en allait hors de France parfois, discuter avec lui les grands intérêts du parti, mais on le laissait journaliste comme devant. Je suppose qu'on le trouvait incommode, c'est-à-dire indépendant. Voilà sans doute pourquoi on le laissait à l'écart. »

Ces deux jugements sont, dans leur amertume, exacts de tout point.

Le parti monarchiste comptait dans ses rangs un politique fin, avisé, intelligence ouverte, caractère décidé quand il le fallait. Il n'a su en faire qu'un académicien.

Édouard Hervé s'était fait pour un temps conseiller municipal de Paris; son parti ne l'y avait même pas aidé. Il avait conquis le siège à la force du poignet. Quant à lui offrir, pour la députation, un arrondissement sûr, ou, pour le

Sénat, une place sur la liste dans un des départements inféodés encore à la réaction, on n'y songea même pas, ou si on y songea, cette fâcheuse idée fut vite écartée. On redoutait sa clairvoyance. Il y avait contre lui la coalition spontanée des imbéciles et des pieds plats. Et puis, il y a dans le parti des princes et des ducs, pour les journalistes, pour les lettrés, un fond de dédain tout à fait réjouissant.

Mais surtout, M. Claveau a dit le mot, Édouard Hervé était « incommode » parce qu'indépendant : il le montra, à l'époque du boulangisme, et n'épargna rien pour détourner le comte de Paris de la voie déshonorante où il s'engageait. Quelques semaines avant sa mort, il affirmait encore l'indépendance de son esprit et la fermeté de son caractère, en donnant son approbation aux courageux articles de son frère, M. de Kerohant, sur l'affaire Dreyfus.

Édouard Hervé était l'homme de la mesure, de la modération aussi bien dans les idées que dans la forme. Mais il était fort capable de décision et il aurait été au besoin très résolu dans l'action. Il se lança à corps perdu, après le 24 mai, dans l'entreprise de la fusion. Il mena la campagne et fut à ce moment le conseiller écouté, le directeur spirituel du prince d'Orléans. Il était résolu jusqu'à la guerre civile. C'est dans son journal que parut la fameuse phrase : « Nous avons coupé les ponts derrière nous ; nous ferons la monarchie, fût-ce à une voix de majorité ! »

J'imagine qu'après l'échec du 24 mai, M. Édouard Hervé fut désabusé, découragé. Il ne paraît pas avoir beaucoup cru au 16 mai, mais beaucoup compté sur les qualités d'hommes d'Etat de M. de Broglie et de M. de Fourtou. Depuis nombre d'années, convaincu de l'impuissance de son parti, de la radicale incapacité des princes et de leurs lieutenants, il ne combattait plus guère que pour l'honneur, et encore, même avant d'être frappé par la maladie, rarement de sa personne.

C'était dommage, car on aimait avoir affaire à cet adversaire courtois et loyal, à cet homme qui était véritablement un modéré et qui l'était resté dans des moments graves, alors que les modérés ou ceux qui se croyaient tels étaient presque tous des enragés, des furieux.

Après la Commune qu'il avait combattue courageusement, Édouard Hervé garda son sang-froid et ne poussa pas à la répression féroce. Il ne fut pas au nombre des journalistes de sang. Il ne donna pas de la voix dans cet abominable hallali de la chasse aux vaincus. Ce n'est pas un mince éloge. Relisez les journaux du temps et vous verrez s'ils furent nombreux ceux qui, dans la presse, eurent au lendemain de l'insurrection vaincue le respect de la vie humaine!

En ce temps-là, j'ai eu l'honneur et l'agrément d'être du gibier. On donnait de la voix à pleine gorge sur ma piste. Et ce ne fut pas la faute de quelques aimables confrères si, après le 24 mai, je n'ai pas été inscrit au tableau.

Il n'est pas dans mon tempérament de garder rancune, aussi n'en ai-je pas voulu longtemps à ceux qui menèrent contre moi une campagne qui, si je m'étais laissé prendre, pouvait très bien aboutir non pas au poteau de Satory (c'eût été trop bête), mais à la Nouvelle-Calédonie. Par contre, j'ai gardé un profond sentiment de gratitude à ceux qui ne se joignirent pas aux dénonciateurs ou aux poltrons.

Je n'étais pas l'ami d'Édouard Hervé, mais j'avais été son collaborateur au *Journal de Paris*, nous avions été camarades dans les luttes libérales contre l'Empire. Il s'en souvint. Au milieu d'un débordement d'outrages et de calomnies, il ne craignit pas de dire à ses amis vainqueurs et au pouvoir qu'il avait pour moi quelque estime. Il fit ce qu'il put pour moi.

Je lui devais ce témoignage.

RANC.

Le Rappel

Tard dans la soirée, nous arrive une douloureuse nouvelle.

Notre illustre confrère, M. Édouard Hervé, membre de l'Académie française, directeur du *Soleil;* est mort.

Nous savions M. Édouard Hervé très gravement atteint ; mais nous voulions espérer que le fatal dénouement, désormais inévitable, pourrait encore être retardé.

Nous saluons avec une émotion respectueuse le grand honnête homme qui disparaît.

M. Édouard Hervé n'était pas « des nôtres », c'est-à-dire qu'élevé dans la foi catholique et monarchiste, il resta jusqu'au bout fidèle à ses convictions ; mais, de même qu'au-dessus des patries, il y a, pour les hommes assez grands pour pouvoir regarder au delà des frontières, l'humanité ; au-dessus des opinions politiques et religieuses, il y a pour les intelligences libres, les régions sereines et pures de la pensée. Tels qui, à ras de terre, sont divisés quant aux moyens à employer et au but à atteindre, se rencontrent, plus haut, quand il s'agit de probité, quand il s'agit d'honneur. Et, pour notre part, loin, certes, de reprocher à M. Édouard Hervé son inébranlable attachement à des principes que nous discutons, à des doctrines que nous n'admettons pas, à des dogmes que nous repoussons, nous l'honorons au contraire, grandement, d'avoir donné l'exemple, si rare, à notre époque, d'une obstination d'autant plus respectable qu'elle était plus désintéressée.

Désintéressée!... On saura peut-être, quelque jour, ce qu'il a fallu de dévouement silencieux, de muette abnégation à M. Édouard Hervé pour rester fidèle à une cause qu'il sentait perdue, qu'il voyait chaque jour compromise davantage par ceux dont les conseils étaient, préférablement aux siens, écoutés et suivis ; on saura, nous l'espérons, car ce sera une page instructive de notre histoire intime, de quelles amertumes, et nous ne craignons pas de dire : de quels dégoûts, fut abreuvé ce royaliste par d'autres royalistes qui, se croyant plus habiles, plus « modernes » que lui, parce qu'ils étaient simplement moins scrupuleux, s'efforçaient d'éloigner cette haute et droite conscience qui les gênait ; on saura — à moins que les héritiers de sa pensée ne considèrent comme un devoir envers lui d'observer le même fier et digne silence dans lequel il est mort — combien il a souffert au spectacle de la déchéance progressive de cette idée monarchique qu'il eût voulu grandir, purifier, anoblir, et qui s'abaissait sans cesse, qui n'est plus rien aujourd'hui.

On sait déjà quelle douleur il éprouva lorsque le parti auquel il donnait l'inestimable concours de sa plume éloquente et de sa haute honnêteté, se rangea à la suite d'un général de hasard ; et ce que nous sommes en droit d'affirmer, c'est que, malade déjà, et tenu forcément éloigné du journal qu'il avait si longtemps animé de son cœur et de son talent, il approuva sans réserves son frère, M. Hervé de Kérohant, le rédacteur en chef du *Soleil*, d'avoir, au lendemain de la révélation du faux Henry, réclamé, à voix sonore, l'indispensable revision du procès de 1894, et, un peu plus tard, d'avoir, plaçant au-dessus de tout la Vérité, la Justice et l'Honneur, écrit son nom sur les listes qui protestaient, au nom de la conscience publique indignée, en faveur du colonel Picquart.

Nous ignorons quelles paroles pourront trouver, demain,

pour ensevelir M. Édouard Hervé les royalistes qui se féliciteront tout bas d'être délivrés de lui et quelles larmes hypocrites ils répandront sur le cercueil de celui dont on peut dire qu'il fut le dernier gentilhomme de la monarchie française ; nul hommage assurément ne sera plus loyal, plus vrai que le nôtre. — Et, le cœur serré par la nouvelle de cette mort — perte cruelle pour le journalisme français, pour les lettres françaises, pour la France — nous prions ceux que M. Édouard Hervé laisse derrière lui, nous prions son frère, son élève de jadis, son ami de toujours, son digne continuateur aujourd'hui, de recevoir le témoignage de notre profonde et sincère sympathie.

Lucien VICTOR-MEUNIER.

Journal de Senlis

M. Édouard Hervé, membre de l'Académie française, directeur du *Soleil* et vice-président de l'Association des journalistes parisiens, est mort mercredi soir, à neuf heures et demie, en son domicile, à Paris.

M. Édouard Hervé était un journaliste qui honorait sa profession; il avait toutes les qualités de l'emploi, et l'art d'en atténuer les défauts; sa polémique était courtoise et mesurée, et cependant agressive, et, par cela même, singulièrement dangereuse; ce n'était point un simple badinage académique; mais des arguments présentés sous une forme lumineuse, en un style d'une belle limpidité; il était resté fidèle au langage des honnêtes gens; la discussion ne consistait pas pour lui à diffamer ses ennemis, mais à convaincre ses adversaires. Il dirigeait depuis vingt-cinq ans le *Soleil* dont il avait fait l'organe officiel de la monarchie parlementaire. Ses articles, remarquables par leur élégante sobriété et leur fermeté dogmatique, l'avaient conduit à l'Académie française.

M. Édouard Hervé était un créole de la Réunion; il était né le 28 mai 1835 à Saint-Denis, fils d'un professeur au collège de cette ville. Lauréat brillant du concours général, prix d'honneur de philosophie en 1854, il était entré, le premier de sa promotion, à l'Ecole normale, dans la section des lettres; mais il n'avait pas tardé à abandonner l'Université pour le journalisme, où il devint rapidement un maître. Il collabora, sous l'Empire, à la *Revue contemporaine*, au *Courrier du Dimanche*, au *Journal de Genève*, et fonda avec J.-J. Weiss le *Journal de Paris*. Après l'avènement de la République, il créa le 5 février 1873 le *Soleil*, où il prit une part active aux affaires publiques. Chevalier de la Légion d'honneur en 1873, conseiller municipal de Paris, pour la Chaussée-d'Antin, de janvier 1881 à mai 1884, il avait remplacé, le 11 février 1886, le duc de Noailles, comme membre de l'Académie française.

Il a publié *Une page d'histoire contemporaine*, étude sur les élections anglaises, et la *Crise irlandaise depuis la fin du XVIIIe siècle jusqu'à nos jours*.

Libéral et partisan de la monarchie constitutionnelle sous l'Empire, M. Édouard Hervé est resté fidèle, toute sa vie, aux convictions de sa jeunesse, et il eut le rare courage de les défendre contre ses propres amis dans diverses circonstances solennelles, au lendemain du 16 mai notamment.

Mais le journal ne suffisait pas à l'activité de M. Hervé. La tribune l'attirait. Conseiller municipal de Paris pendant cinq ans, il avait su promptement se faire apprécier autant par sa parole toujours claire et élégante que par sa puissance de travail qui était réellement extraordinaire. Néanmoins, il ne put jamais avoir raison des préventions du suffrage universel : deux fois il se présenta aux élections législatives et deux fois les électeurs parisiens préférèrent à cet homme d'esprit qui avait tant de titres pour représenter Paris un politicien quelconque. Malgré sa philosophie, M. Hervé conserva toute sa vie un souvenir amer de ces deux échecs que ne compensa pas son élection à l'Académie française.

Depuis longtemps déjà, M. Hervé, désabusé et découragé par la perte successive de ses espérances politiques, ne prenait la plume qu'à de rares intervalles. Mais il suivait toujours d'un œil attristé la marche des événements et il assistait, mélancolique, à l'effondrement des idées de tolérance, de liberté et d'union entre tous les citoyens, qui avaient été le rêve de sa jeunesse. Très bienveillant, d'un abord charmant, quoi qu'il dût prendre sur lui pour vaincre sa timidité naturelle, causeur exquis, M. Édouard Hervé laissera le souvenir d'un galant homme, d'un écrivain de talent et d'un polémiste qui, en quarante ans de luttes, ne s'est pas fait un ennemi.

***

A ce propos, il sera peut-être intéressant de rappeler que les colonies et anciennes colonies françaises ont toujours fourni à la mère patrie un contingent d'hommes de haute valeur, dont la métropole a toujours eu lieu d'être fière.

Avant M. Édouard Hervé, l'île Bourbon avait donné aux lettres françaises le chevalier de Parny, auteur de la *Guerre des Dieux*, et Eugène Dayot, le poète lépreux qui a écrit cette page sublime : *Le Mutilé*.

Le comte de Villèle, l'éminent ministre de la Restauration, émule de Chateaubriand, était un Bourbonnais; de nos jours, l'île Bourbon a été aussi représentée en France par Leconte de Lisle (encore un académicien), Auguste Lacaussade, le doux poète des *Poèmes et Paysages*, et Léon Dierx.

Il convient enfin de ne pas oublier l'illustre météorologiste Bridet, lequel a découvert la loi des cyclones qui sert aujourd'hui aux marines de toutes les nations.

L'île Maurice (l'île sœur) peut fièrement porter à son actif l'amiral René Magon, le héros de l'*Algésiras*; Eloi Mallac, ministre de Louis-Philippe; Brown-Sequard, un des plus féconds génies scientifiques de ce siècle; Prosper d'Epinay, sculpteur d'un talent original et puissant dont l'œuvre capitale, *Ceinture dorée*, fit tant de bruit quand elle parut au Salon de 1874.

Disons, en passant, que Prosper d'Epinay est, avec Falconnet, le seul sculpteur vivant dont les œuvres aient été admises à l'*Ermitage* de Saint-Pétersbourg, le merveilleux musée privé des tzars. D'Epinay y est représenté par ses deux groupes de *Bacchantes*, qui sont considérés comme artistiquement supérieurs au groupe de la danse de Carpeaux, et que le prince de Galles et le duc de Leuchtenberg se disputèrent à coups de banknotes. C'est ce dernier qui l'emporta et il acquit ces merveilles pour le tzar Alexandre III.

L'île Maurice est encore représentée avec honneur dans la presse parisienne et les lettres françaises par Ange Galdemar au *Gaulois;* Ernest Letourneur au *Matin;* Charles Giraudeau, qui publia de remarquables articles sur la politique étrangère dans le *Figaro* et le *Gil Blas;* enfin par L. Nemours Godré, rédacteur à la *Vérité*, dont l'une des œuvres, la *Vie d'O'Connell*, a été couronnée par l'Académie française.

Dans l'art médical, nous trouvons trois Mauriciens, les docteurs Chauveau, de Chateaubourg et d'Oger de Spéville, qui sont des spécialistes connus.

Enfin, nous devons citer un autre Mauricien resté là-bas, en exil, Charles Baissac, auquel ses œuvres pleines d'humour, d'un style impeccable et d'une merveilleuse érudition, ont valu la croix de la Légion d'honneur.

Nous en passons, et non des moindres.

Ceci démontre l'irrésistible expansion du génie français, qui se développe en sa floraison sur quelque sol qu'il soit implanté. Le Saxon ou le Germain, jeté loin de la mère-patrie, fait du commerce et des affaires, rien que cela ; nous, Français, nous nous souvenons que nous sommes d'une race supérieure, et sans délaisser le côté pratique, nous continuons à cultiver l'idéal, les arts, la littérature, qui sont l'essence de notre être; revenus, parfois après plusieurs générations, sur la « terre des pères », nous nous sentons aussitôt chez nous et marchons immédiatement de pair avec nos frères restés ici.

De sorte que la France peut, à bon droit, se glorifier de tous ses fils, même lointains, — même apparemment séparés d'elle par la fiction des lois internationales.

G. VILLAVRÈDE.

La Souveraineté Nationale

Dès hier matin un registre a été déposé chez le concierge de la rue de Lisbonne nº 29, où habite M. Édouard Hervé et où de nombreuses notabilités du monde de la presse, des lettres et des arts sont venues s'inscrire. Nous avons relevé les noms suivants :

M. et Mme Paul Buffet, Gustave Toudouze, comte et comtesse de Calonne, M. et Mme Cornélis de Witt, sir Édouard Blount, Sully Prud'homme, M. et Mme Michel Heine, Arnold Mortier, baron et baronne de Pontalba, etc.

Les obsèques auront lieu demain matin à l'Église Saint-Augustin.

La date définitive des obsèques de M. Édouard Hervé, directeur du *Soleil*, est fixée à samedi dix heures précises du matin en l'église de Saint-Augustin.

***

M. Édouard Hervé était né en 1835 à Saint-Denis (île Bourbon, aujourd'hui île de la Réunion). Il fit ses études à Paris, au collège Henri IV (alors collège Napoléon).

Au concours général de 1854, Édouard Hervé remportait le prix d'honneur de philosophie, en même temps que deux prix de sciences, et, la même année, il entrait à l'École normale (section des lettres) avec le nº 1. Peu après, Édouard

Hervé donna sa démission et entra à la *Revue de l'instruction publique*, à laquelle il donna des articles littéraires, puis passa, en 1860, à la *Revue contemporaine*, où il fut chargé de la « Chronique politique ».

Éloigné de la presse par une grave maladie, pendant trois ans, il y rentra en 1863, en publiant au *Courrier du dimanche* une série d'articles qui devaient consacrer sa réputation. L'année suivante, il faisait paraître au *Temps*, puis en 1865, à l'*Epoque*, sous le pseudonyme de Joseph Perrin, d'autres articles qui furent remarqués.

Le 10 janvier 1867, le *Moniteur*, alors journal officiel, publia une « Lettre impériale » qui inaugurait un nouveau régime pour la presse, M. Édouard Hervé fonda alors le *Journal de Paris* avec J.-J. Weiss qui ne se sépara de sa collaboration que pour devenir directeur des beaux-arts, en 1870, avec M. Maurice Richard.

M. Édouard Hervé resta à Paris pendant les deux sièges. Sous la Commune, le *Journal de Paris* ne cessa pas sa publication. Il publia avec plusieurs autres journaux une protestation collective contre les élections illégales.

En 1873, il fondait le *Soleil*, grand journal politique à cinq centimes et, la même année, était nommé chevalier de Légion d'honneur : en 1886, il remplaçait à l'Académie française le duc de Noailles.

Il a publié, en 1869. *Une page d'histoire contemporaine*, étude sur les élections en Angleterre et les hommes d'État de ce pays, et a donné en 1885, la *Crise irlandaise depuis la fin du* XVIIIe *siècle*. Enfin, à diverses reprises, il a écrit dans la *Revue des Deux Mondes*.

M. Édouard Hervé fit partie du Conseil municipal de Paris, de 1881 à 1884. Il y combattit le système de la laïcisation des écoles et des hôpitaux. C'est aussi à ce moment qu'il fit une campagne ardente pour la suppression des octrois et qu'il se livra à une enquête approfondie sur les logements ouvriers.

Il ne demanda pas le renouvellement de son mandat.

Il était vice-président du comité de l'Association des journalistes parisiens depuis la fondation de cette société.

***

Les obsèques de M. Édouard Hervé ont été célébrées en l'église Saint-Augustin avec le caractère de simplicité désiré par le défunt.

L'église était tendue de draperies noires sans écussons et un modeste catafalque se dressait à l'entrée du chœur.

Le cortège s'est formé à la maison mortuaire, rue de Lisbonne, 29, où le cercueil, recouvert de l'habit d'académicien, avec l'épée et le bicorne, avait été exposé en chapelle ardente pendant une partie de la matinée.

De magnifiques couronnes avaient été envoyées par le duc d'Orléans, le prince de Bulgarie, le conseil municipal de Paris, le conseil général de la Seine, le Syndicat de la presse parisienne, la Caisse des Victimes du Devoir, le Denier des veuves et des vieillards, le personnel de l'Imprimerie française, la Société des Entrepôts et Magasins généraux dont M. Hervé était administrateur, les divers services du *Soleil*, le *Messager de Paris*, etc.

Les cordons du poêle étaient tenus par MM. Sully-Prudhomme et Boissier, directeur et secrétaire perpétuel de l'Académie française ; le duc de Broglie, membre de l'Institut ; Mézières, président de l'Association des journalistes parisiens ; Lair, président du conseil d'administration des magasins généraux et Claveau, rédacteur au *Soleil*.

M. Yvan S. Guéchoff représentait le prince de Bulgarie, et le capitaine Costedoat-Lamarque, le ministre de la guerre.

Le deuil était conduit par MM. Philippe Hervé, fils du défunt : le comte de Grenaud, son gendre ; Hervé de Kérohant, son frère, et M. Léopold Giraud, son beau-frère.

Dans l'assistance, très nombreuse, nous avons reconnu MM. Paul Deschanel, président de la Chambre ; Charles Blanc, préfet de police ; Bruman, secrétaire général de la préfecture de la Seine ; Hanotaux, Joseph Bertrand, Henry Houssaye, Albert Vandal, Albert Sorel, André Theuriet, Cherbuliez, Henri de Bornier, Victorien Sardou, Jules Claretie, le comte d'Haussonville, le vicomte de Vogüé, le marquis Costa de Beauregard, Anatole France, Henri Lavedan, Gréard, J.-M. de Heredia, membres de l'Académie française ; Aucoc, Wallon, Arthur Desjardins, Gérôme, Louis Passy, Denys Cochin, André Buffet, chef des services politiques du duc d'Orléans ; Eugène Dufeuille ; Paul Meurice, Delyannis, Austin Lee, le général Feillard, Jean Dupuy, président du syndicat de la presse parisienne ; J. Cornély, Niel, Théodore Avonde, Albert Bataille, Pitou, Fernand Bourgeat, membres du comité de l'Association des journalistes parisiens, etc.

Après la messe, dite par M. l'abbé Schutzler, et l'absoute, donnée par l'abbé Vallet, aumônier du lycée Henri IV, le cortège s'est rendu au cimetière Montmartre, où l'inhumation a été faite dans le caveau de famille.

Le Salut Public

Le *Figaro* rapporte un détail touchant à propos de la mort de M. Édouard Hervé :

« M. Hervé, dit-il, est mort en vrai chrétien. C'est lui-même qui a réclamé les derniers sacrements, puis il a demandé qu'au moment où il serait prêt à rendre son âme à Dieu, on l'étendît sur le plancher, voulant mourir dans l'humilité chrétienne. »

Le Soir

M. Édouard Hervé est mort, emporté hier vers minuit par une maladie de cœur dont il souffrait depuis longtemps. Il a reçu les derniers sacrements.

Académicien, journaliste, il dirigeait le *Soleil*.

Né en 1835 à Saint-Denis (île Bourbon), il fit de brillantes études au lycée Henri IV, anciennement collège Napoléon. Il en sortit pour entrer à l'École normale supérieure avec le numéro 1. La tâche âpre de l'enseignement le rebuta bientôt, et il s'adonna au journalisme où il fit preuve, dès le début, de remarquables qualités. Ses articles littéraires à la *Revue de l'instruction publique*, puis ses chroniques politiques à la *Revue contemporaine* le firent remarquer.

Brusquement il tomba malade. Durant trois ans il ne publia rien, un repos absolu lui étant imposé.

En 1863 il reparut, et déploya une grande activité. Sa réputation de journaliste date de 1863; il écrivait alors au *Courrier du Dimanche*. M. Édouard Hervé combattait l'Empire qui lui interdit de collaborer à tous les journaux français. Il se consola en envoyant des correspondances au *Journal de Genève*.

Un régime plus libéral pour la presse, inauguré par un décret impérial de 1867, permit à M. Édouard Hervé de fonder, avec J.-J. Weiss, le *Journal de Paris*. Ce journal, qui devint bientôt important, comptait parmi ses collaborateurs

MM. Henry Fouquier, Francisque Sarcey, Jules Delafosse, Saint-Marc de Girardin, Louis Teste, Depasse, Eugène Dufeuille, etc.

M. Édouard Hervé, en fondant peu après le *Soleil*, fut le premier en France à lancer un journal à un sou.

M. Édouard Hervé combattit les actes de la Commune, il faillit être arrêté plusieurs fois.

Sous la troisième République, la réputation de M. Édouard Hervé augmenta d'année en année, tellement que l'Académie lui ouvrit ses portes en 1886. Le directeur politique du *Soleil* succédait au duc de Noailles.

L'œuvre de M. Édouard Hervé, si elle n'est pas très volumineuse est excellente. On ne saurait oublier ces deux bons livres, *Une page d'histoire contemporaine*, et la *Crise irlandaise depuis la fin du* XVIIIe *siècle*. De temps à autre, il donnait des études à la *Revue des Deux-Mondes*.

Le talent de M. Édouard Hervé était exquis. On ne pouvait s'empêcher de le goûter et de l'aimer. Il se distinguait surtout par une grande clarté, une belle souplesse. Il possédait une heureuse érudition, et son style toujours élégant sans défaillance, ne lassait jamais.

M. Édouard Hervé vint au journalisme à une époque féconde en esprits cultivés, aimables, d'une fine courtoisie. Les Weiss, les Prévost-Paradol, justement célèbres, étaient ses amis.

D'une nature élevée, il était très accueillant, et apportait dans sa conversation des trésors d'amabilité et d'esprit.

Dans la vie politique, il eut des déceptions. Plusieurs fois candidat aux élections législatives, toujours il fut écarté par le suffrage universel si ondoyant, si injuste, surtout à Paris.

M. Édouard Hervé laisse deux œuvres littéraires inachevées.

Ses obsèques sont annoncées pour samedi, à dix du matin ; elles auront lieu en l'église Saint-Augustin. L'inhumation sera faite au cimetière Montmartre.

L'Académie française, cet après-midi, a levé sa séance en signe de deuil.

Lorenzi de Bradi

Le Savoyard de Paris

En 1869, il publia *Une Page d'histoire contemporaine*, étude très documentée sur les élections en Angleterre, puis la *Crise irlandaise depuis la fin du* XVIIIe *siècle;* entre temps, il collabora à la *Revue des Deux Mondes*.

Il fut fait chevalier de la Légion d'honneur en 1873, et l'année 1886 le vit prendre possession, à l'Académie française, du fauteuil de M. le duc de Noailles. Le 25 février 1897, il répondait à notre compatriote, M. le marquis Costa de Beauregard, nouvellement élu académicien, par un discours d'une grande élévation de pensées. En parlant de la Révolution, il disait notamment :

« A ce moment commençaient en France des événements qui allaient changer la face de l Europe et bouleverser la paisible existence des Costa. Les États-Généraux se réunissaient à Versailles et la vieille société française allait disparaître dans un naufrage retentissant. On sait avec quelle ardeur une partie de la jeune noblesse se jeta dans le mouvement de 1789. Vous vous moquez spirituellement de cet enthousiasme un peu irréfléchi. Si vous aviez vécu dans ce temps, vous auriez peut-être partagé l'entraînement général. Votre bisaïeul, qui devait si cruellement souffrir de la Révolution, n'en désapprouvait pas les débuts. Son ami, Joseph de Maistre, moins indulgent, y voyait surtout, comme Bossuet dans la Révolution d'Angleterre, une leçon : « Vous savez, écrivait-il à Henry de Costa, que je ne suis pas ami des factions populaires. Cependant, je prends un grand intérêt à ce sermon terrible que la Providence prêche aux rois. »

En termes moins académiques, ces quelques phrases

veulent dire que M. Hervé, monarchiste, trouvait M. Costa de Beauregard trop réactionnaire.

Et, plus loin, en rappelant la Savoie :

Je suis obligé d'avouer que saint François de Sales n'était pas de l'Académie française. Il y avait pour cela deux raisons, dont la première me dispense de citer l'autre : Notre Compagnie n'existait pas encore; il siégeait, vous le savez, dans une Académie qu'il avait fondée lui-même, avec son ami Antoine Favre, président du Sénat de Chambéry et l'un des grands jurisconsultes du temps, réalisant ainsi l'alliance des lettres, de la magistrature et du clergé. L'Académie florimontane d'Annecy (c'est le nom que lui avaient donné ses deux fondateurs) n'a eu qu'une courte existence, mais elle a pu servir de modèle à l'Académie française. Ses séances étaient hebdomadaires comme le sont aujourd'hui les nôtres; elle y choisissait les ouvrages littéraires les plus distingués pour leur distribuer des prix. Nous vous donnerons cette même occupation, et ce n'est pas une sinécure, soyez-en assuré. Nous ne pouvons malheureusement pas vous faire retrouver ici le paysage qui servait de cadre à l'Académie de saint François de Sales et du président Favre; les prairies et les forêts de la Haute-Savoie, le beau lac d'Annecy aux eaux profondes et le profil des Alpes sur le ciel bleu.

Un des fils d'Antoine Favre se rattache d'une manière plus directe aux origines de notre Compagnie. Claude Favre de Vaugelas n'était pas né Français, mais il l'était devenu; il put donc occuper, dès la fondation de cette Académie, un des quarante fauteuils établis par le cardinal de Richelieu. Personne ne connaissait les finesses de la langue française mieux que ce Savoyard. A ce titre, il fut placé à la tête de ceux qui s'occupèrent, les premiers, de notre Dictionnaire, non pas de ce fameux Dictionnaire historique, dont il n'a pas été question avant le XVIIIe siècle, qui ne peut pas être fait par nous et qui n'a d'autre avantage que de fournir un texte à d'amusantes plaisanteries sur l'Académie, mais du vrai Dictionnaire, du seul auquel avait songé notre glorieux fondateur : le Dictionnaire de l'usage, dont les huit éditions, images changeantes d'une société sans cesse en mouvement, reflètent les sentiments, les formes de langage et les tours de phrase affectionnés par chaque génération.

M. Hervé, quoique né à l'île de la Réunion, est un peu Savoyard par alliance, car sa fille a épousé notre compatriote M. le comte de Grenaud, ancien officier, qui habite la Haute-Savoie, au château de Chitry, et, si les nécessiteux du village ignorent le nom de M. Hervé, ils connaissent tout au moins celui de Madame la comtesse de Grenaud par les aumônes et le bien qu'elle fait.

M. Hervé, certes, n'était point un socialiste; c'était, au contraire, un royaliste demeuré fidèle à son drapeau; mais nombreux sont les actes de socialisme pratique que l'on pourrait citer à son actif.

C'est bien lui, en effet, qui, propriétaire d'une grande imprimerie, offrit aux principaux ouvriers de s'unir, de s'associer, pour continuer l'œuvre qu'il avait fondée. Il choisit parmi ses employés, M. Dangon, lui laissant diriger seul cette grande entreprise qui comporte 150 ouvriers, en stipulant qu'au bout de quelques années tout lui appartiendrait.

Cet acte fait grand honneur à l'homme honnête et bon qui vient de mourir, et, si M. Dangon est aujourd'hui à la tête de l'une des plus grandes imprimeries de Paris, Directeur de ce journal, dont le succès va croissant tous les jours, il le doit à la généreuse initiative de M. Hervé.

Nous prions Mme Édouard Hervé, M. J. Hervé de Kérohant, son frère; M. Philippe Hervé, son fils; M. le comte et Mme la comtesse de Grenaud, son gendre et sa fille, de recevoir l'expression de nos sincères condoléances.

La Direction.

Illustré Soleil du Dimanche

Mercredi 4 janvier, à dix heures du soir, M. Édouard Hervé de l'Académie Française, directeur du *Soleil*, a succombé presque subitement, dans son hôtel de la rue de Lisbonne, aux atteintes d'un mal qui semblait définitivement vaincu. Il s'est éteint en pleine possession de cette grande intelligence qui, jointe à cette loyauté reconnue de tous, a caractérisé toute une vie de travail et de dévouement.

Il avait voulu, peu de jours avant sa mort, affirmer ses convictions chrétiennes, en recevant au milieu de sa famille en larmes, les derniers sacrements de l'Église. Ce fut à la fois une scène touchante et un grand enseignement que la vue de ce croyant sentant la mort venir, répondant avec ferveur aux prières du prêtre; un tel exemple est la suprême consolation qu'il voulait laisser aux siens.

Si la mort de M. Édouard Hervé constitue un deuil très douloureux pour tous ceux qui ont admiré le labeur et l'unité de sa vie, les ressources et la fidélité de son talent; si les belles lettres françaises et le parti monarchique voient disparaître avec lui un de ces hommes qu'on ne remplace pas, cela nous serait déjà une double raison d'exprimer ici la grande sincérité de nos regrets. Mais l'*Illustré Soleil du Dimanche* tient à honneur et à devoir de rendre un hommage tout particulier et tout personnel à la mémoire de M. Édouard Hervé.

Ce fut lui, en effet, qui présida à la création du *Soleil du*

Dimanche avec notre directeur actuel, M. le baron de Noirfontaine, qui depuis de longues années, avait été placé par lui à la tête de l'administration du *Soleil*; à tous deux il avait paru, et l'expérience justifia pleinement leur initiative, qu'à côté du journal quotidien de doctrine et de discussion politique, s'adressant à l'électeur, il y avait place pour une publication littéraire et artistique s'adressant à la famille; les adhésions arrivèrent de toutes parts : l'œuvre était fondée et bien fondée.

Bientôt M. Édouard Hervé la jugea assez solide pour qu'elle pût vivre en pleine indépendance. D'autres travaux sollicitaient son intervention et son activité. Se retirant à ce moment, il laissa le soin de continuer l'œuvre commencée à M. le baron de Noirfontaine, celui-ci, après avoir quitté l'administration du *Soleil*, fonda la Société nouvelle de l'*Illustré Soleil du Dimanche*, qui devait rester fidèle au programme de ses fondateurs.

Ces souvenirs nous rendent particulièrement cruelle la disparition de l'homme éminent qui avait si puisamment concouru à la fondation de notre publication.

Nous prions la famille de M. Édouard Hervé, d'agréer l'hommage respectueux de notre profonde et douloureuse sympathie, et nous tenons pour certain que tous nos amis s'associeront à ce témoignage ému de nos sentiments.

L'Illustré Soleil du Dimanche.

Le Temps

L'Académie et la presse viennent de perdre un des hommes qui leur faisait le plus d'honneur par la dignité de sa vie et par la parfaite loyauté de ses opinions.

Ancien élève de l'École normale supérieure, M. Édouard Hervé était entré jeune dans la politique. Il faisait partie, avec Weiss et Prévost-Paradol, de ce groupe de jeunes gens résolus qui ne pouvaient s'accommoder du silence général imposé au pays par le second empire.

Quoique les temps fussent durs, ils ne désespéraient pas de la liberté. Avec autant d'audace que le permettait la censure, en tout cas, avec une infatigable persévérance, ils ne cessaient de rappeler au pays le souvenir des institutions libres et du régime représentatif dont il avait joui pendant trente-six ans.

En luttant pour la liberté, ils faisaient alors cause commune avec les républicains les plus marquants, avec Gambetta et Jules Ferry, pour ne parler que des morts.

Dans ces polémiques de presse, Édouard Hervé apportait un bon sens supérieur, une façon de raisonner, calme et mesurée, qui laissait entrevoir toute la force intérieure des arguments, sans donner prise cependant à l'impitoyable censure. Il n'eût servi à rien dans ce temps-là de crier sur les toits. Il fallait parler avec précaution, appliquer journellement l'art délicat de tout dire sans appuyer sur rien.

M. Édouard Hervé excellait dans cette escrime de plume.

Il ne se laissait aller à aucun emportement de langage, mais il ne faisait que des concessions de forme. Sur le fond même des choses, il trouvait toujours moyen, à force de correction et d'adresse, de faire entendre nettement au public ce qu'il voulait dire. Grâce à ses excellentes études de l'École normale, il possédait une instruction générale très étendue qui lui permettait de ne se trouver dépaysé dans aucune question, sur aucun sujet.

Il avait en même temps du sang-froid, de la présence d'esprit, l'absolue possession de lui-même.

Mais ce calme apparent n'avait rien de commun avec la froideur ou l'indécision. Dans les moments difficiles, quand il y avait un parti à prendre, M. Edouard Hervé le prenait avec énergie.

Sincèrement royaliste, il ne tirait pas son drapeau de sa poche inutilement, pour le simple plaisir de le montrer. Mais, dès qu'il jugeait nécessaire de défendre le principe monarchique, il le faisait sans ambages, avec la crânerie et l'accent d'un homme convaincu.

Tel il fut dans son journal, au Conseil municipal où il siégea avec tant de distinction pendant plusieurs années, à l'Académie française où il avait été élu comme un des représentants les plus honorés et les plus aimés du journalisme contemporain.

Nous pouvions en effet différer d'avis avec M. Édouard Hervé sur un certain nombre de questions politiques, mais, dès qu'il s'agissait de droiture, de dignité, d'honneur professionnel, tous les membres de la presse, même les plus opposés à ses opinions, lui rendaient un égal hommage.

Après avoir été journaliste pendant près de quarante ans, il meurt entouré de l'estime et du respect universels. Nous avons le droit d'en être fiers pour notre profession.

Aussi le Syndicat de la presse parisienne et l'Association

des journalistes parisiens ont-ils tenu à honneur de le placer régulièrement au premier rang de leurs élus.

Il était vice-président de ces deux associations qui l'avaient toujours renommé à la presque unanimité des suffrages.

Je suis assuré d'être l'interprète de tous nos confrères en exprimant les regrets que nous cause la mort prématurée d'un journaliste de tant de talent, si distingé et si courtois, pour tout dire en un un mot, d'un si parfait galant homme.

A. Mézières.

Le Temps

Nous revenons des obsèques d'Edouard Hervé. Elles ont été graves, recueillies, émouvantes pour moi. Que de souvenirs évoqués par la mort de cet homme, qui fut des mieux doués parmi ceux de ma génération et qui fut mon ami de jeunesse!

Dans la vie de tout homme, quel que soit le sort que lui réserve sa destinée, il y a une époque qu'on peut appeler l'âge héroïque. C'est l'heure où le jeune homme entre dans la carrière, engage la lutte, presque toujours sans autres armes en main que son intelligence et sa volonté. A ce moment, il a des espérances, il s'est fait un plan pour sa vie, espérances et plan que le sort jaloux ne réalise presque jamais. Ce fut, pour une part, le cas d'Hervé, comme celui de tant d'autres. Certes, on ne peut pas dire que la vie lui fut trop dure et que son effort n'y fut pas couronné de succès. Il meurt, très estimé, même de ses adversaires, riche, membre de cette Académie française, sottement décriée et qui est dans le désir de tous les lettrés. Mais Hervé réussit aux choses qui ne furent pas le rêve de sa jeunesse. Les affaires, par exemple, où il montra une haute intelligence, lui inspiraient d'abord comme une terreur. Il en avait vu les périls et les mécomptes avant d'en savoir les avantages et d'en acquérir le goût, au contact, sans doute, de l'ingénieux financier qui fut son beau-père.

Quand je le connus surtout, au moment où il venait

passer des semaines dans mon petit « vide-bouteilles » campagnard de Fontainebleau ou de Chatou, il sortait de l'Ecole normale. Son père, universitaire à la Réunion, l'avait dirigé dans cette voie et Hervé avait été un écolier admirable. Il avait renouvelé, au concours général, les exploits scolaires des Weiss, des About, des Paradol. Mais sa santé, qui fut toujours douteuse, l'éloignait de l'enseignement fatigant des classes. Sans fortune alors, quoique très régulier d'existence en son appartement de jeune homme qui, par l'ordre qui y régnait, ressemblait à un appartement de vieux garçon, il devint l'instituteur de M. Casimir-Perier. Par là, il entra et se fixa dans le monde orléaniste, où se modifièrent ses opinions, alors assez avancées, surtout dans l'ordre philosophique. Ce créole, au parler doux et lent, aux lèvres sensuelles, au regard charmant, pauvre, mais de tenue parfaite, apparaissait comme un personnage balzacien, timide, passionné et de haute ambition. Son désir, qui persista toute sa vie, était d'arriver à l'exercice direct du pouvoir, ministre ou diplomate. Non seulement il y préparait son intelligence par un travail acharné, mais il pliait son corps rebelle aux nécessités de la vie dont il rêvait. Très brave, mais mal doué pour les sports, il essayait de devenir un homme d'épée : et, à l'exemple des hommes d'Etat anglais, il montait à cheval, comme Paradol et aussi mal. Dès ce moment, mélange singulier et charmant de doctrinaire et de romantique, il évoquait l'heure où il forcerait l'histoire à se souvenir de son nom. Entre le suffrage universel domestiqué de l'empire et le suffrage universel un peu aveugle de la République, il ne trouva pas son heure et sa place. Il fut battu à Paris, et, à Marseille, j'eus, avec lui, adversaire ami et courtois, l'honneur un peu amer de nous voir préférer le vieil énergumène Félix Pyat. Dans ses campagnes politiques, aussi bien quand il fit la guerre, dans le *Courrier du Dimanche*, à

M. de Persigny, que lorsqu'il aborda la lutte avec le suffrage universel, Hervé montra une volonté, une intelligence, une vaillance extraordinaires. Ce qu'on lui connut, sur le tard, de mélancolie un peu attristée, jamais aigrie, vint, en grande part, de cette déception de s'être vu écarter par le sort de la politique agissante. Son renom de grand journaliste, son fauteuil de l'Académie, compensaient mal, pour son âme ardente sous des dehors froids, le regret de n'avoir pu être l'homme d'action qu'il sentait exister en lui. Sous l'empire, dont il s'était rapproché avec le *Journal de Paris*, il eût voulu entrer au Parlement et devenir un Clément Duvernois moins aventureux. Lorsque Thiers, après 1870, appela à lui la jeunesse libérale, Hervé demanda à l'accompagner dans son voyage diplomatique à travers l'Europe; Thiers lui préféra Rémusat. Ce n'est pas que les hommes au pouvoir aient, de tout point, méconnu les hauts mérites d'Hervé. Mais on lui offrit des places et d'occuper une fonction, alors qu'il voulait jouer un rôle. C'est ainsi que, peu à peu, l'âge vint et, avec lui la lassitude. Tandis que mon ami s'en va, loué par la foule d'avoir bien fait tout ce qu'il a fait, nous sommes quelques-uns dans le secret de la tristesse de cet homme éminent qui ne fit pas dans sa vie ce qu'il voulait faire... Et, devant son cercueil honoré, j'évoque la grandeur du rêve de sa jeunesse, dont je fus le confident, ayant eu, moi aussi, mon rêve de « l'époque héroïque », qui ne put pas, non plus, ouvrir ses ailes...

Henri FOUQUIER.

Le Savoyard de Paris

Le Directeur du *Savoyard de Paris* ne peut laisser partir M. Édouard Hervé sans lui adresser un salut de gratitude et de respect.

M. Hervé fut, en effet, notre bienfaiteur.

Peu d'existences furent aussi brillamment et aussi utilement remplies.

Son père, d'origine bretonne, naquit à Nancy et, de rédacteur en chef du journal *La Meurthe*, devint professeur de mathématiques à l'île de la Réunion, où M. Édouard Hervé vint au monde en 1835.

Il fit ses études au collège Henri IV (alors collège Napoléon) et remporta, en 1854, le prix d'honneur de philosophie, deux prix de sciences, et entra à l'Ecole normale, section des Lettres, avec le n° 1.

Peu après, il donna sa démission et écrivit dans divers journaux et revues. Ses articles furent trop remarqués par l'administration impériale, car il lui fut bientôt défendu de collaborer aux journaux français. Cependant la loi sur la presse de 1867 lui permit de fonder, avec J.-J. Weiss, le *Journal de Paris*, dont il devint le seul Directeur.

En 1869, il se présenta sans succès, dans la circonscription d'Arras, aux élections législatives, comme candidat de l'opposition libérale, sous le patronage de M. Thiers. Il fut plus heureux en 1881, car les électeurs du quartier de la Chaussée d'Antin le nommèrent conseiller municipal. Il ne se représenta pas en 1884. Pendant son court séjour à l'Hôtel de Ville, il fut un ardent partisan de la suppression des octrois.

C'est à M. Édouard Hervé que revient l'honneur d'avoir, le premier, lancé en France un grand journal quotidien politique, à cinq centimes, *le Soleil,* fondé le 5 février 1873 ; il donna ainsi une extension énorme à la Presse en la rendant accessible au plus grand nombre.

M. Hervé fut surtout un journaliste de talent, mais un journaliste de la vieille école, de celle d'Armand Carrel et de Prévost-Paradol ; il défendait ses opinions avec une grande logique et attaquait celles de ses adversaires avec beaucoup d'audace, mais en restant toujours correct. Ses articles furent ceux de l'homme bien élevé, du causeur charmant, du lettré si délicat, si recherché des grands salons parisiens.

L'Univers et le Monde

Bien peu de personnages politiques auront été loués, à leur mort, comme vient de l'être M. Edouard Hervé. Hommage général et sincère de respect et de regret, cette manifestation, toujours bien rare, contraste autant que possible avec l'état présent des esprits.

Circonstance plus curieuse encore[1] : à l'éloge s'est joint l'attendrissement. On a déploré les déceptions que le défunt a éprouvées, déceptions réelles, dont M. Hervé a su ne pas se plaindre mais qui néanmoins furent connues de tout le monde.

En effet, il lui a manqué d'être député, ministre, ambassadeur, fonctions que ses adversaires, comme ses amis, jugeaient lui convenir parfaitement. Simple journaliste, sauf un court passage au conseil municipal de Paris. Pas même conseiller d'État, ce que devint pourtant un autre confrère, anticlérical il est vrai, M. Castagnary, qui traduisait *regimen militantis Ecclesiæ* par « régiment de l'Eglise militante ». Académicien cependant, et lorsque le titre de journaliste semblait incompatible avec cette dignité ; oui, mais la Chambre l'attirait bien plus que la coupole, quoiqu'il eût reçu les véritables dons de l'écrivain.

Plusieurs fois, Édouard Hervé parut être assuré de réussir. Lors de sa dernière candidature, la victoire dépendit de

35 voix. Une défaite brutale eût été moins pénible que cet insuccès ironique et agaçant.

Comment l'enceinte parlementaire n'aurait-elle pas séduit l'ambition d'un homme qui, à vingt-cinq ans, ayant ramassé en triomphateur tous les lauriers scolaires, possédait déjà un vaste ensemble de notions historiques, philosophiques et politiques ? L'un de ses meilleurs amis, M. Claveau, qui vient de lui consacrer dans le *Figaro* un article éloquent et juste, constate cette précoce maturité : « Il allait, à l'Ecole normale, l'entendre parler de Guillaume III, des deux Pitt, de Burke, de Fox, de Sheridan, de Castlereagh, de Canning, de Robert Peel et de Palmerston. »

Quelques défauts de caractère ont pu paralyser les aptitudes intellectuelles de M. Hervé, qui « se dégoûtait trop vite », dit M. Claveau. Eût-il recueilli plus de satisfaction après avoir passé à la Chambre et occupé de hauts emplois ? « Il ne fault juger de nostre heur qu'aprez sa mort », selon Montaigne ; et M. Hervé est mort en chrétien détaché de toute gloriole.

La fixité des doctrines aussi le privait de la désinvolture nécessaire. Il est vrai que J.-J Weiss, qui n'avait pas moins de désinvolture que de talent (et celui-ci était très étendu et très varié), s'est fatigué dans une demi-douzaine d'entreprises. Conseiller d'Etat, directeur politique aux affaires étrangères (pas longtemps), Weiss finissait toujours par redevenir simple journaliste comme si, lorsqu'on a pratiqué ce métier-là, on ne pouvait plus décidément en exercer d'autre.

Attaché à la monarchie libérale et très stable dans ses attachements, M. Hervé n'avait plus qu'à suivre le sort de cette cause. M. Claveau impute l'échec de son ami au parti conservateur, incapable d'utiliser les hommes et incapable de profiter de la victoire. Sans doute; mais à l'origine de la lutte dans laquelle M. Edouard Hervé joua un rôle brillant, n'y avait-il pas une équivoque qui devait perdre les monarchistes? Unis aux républicains et aux démocrates pour renverser l'empire, ils fournissaient un concours très précieux dont le prix leur était enlevé d'avance. Le mouvement qu'ils développait ne pouvait guère manquer de les entraîner bien au delà du point où ils rêvaient de s'installer et les conduire en plein pays ennemi où les alliés de la veille seraient des maîtres implacables. M. Ranc, qui a eu la chance de puiser dans le jacobinisme tous les principes dont il a besoin, devait trouver joliment naïf M. Hervé occupé à tant d'études pour servir la monarchie... en préparant la République !

C'est très amusant de se coaliser, mais il faudrait calculer le résultat au moins probable de la coalition et ne pas se condamner à recevoir toujours sur la tête les débris de l'édifice que l'on démolit.

Considérant l'échec prolongé et final de M. Hervé, M. Claveau conclut que le « conservatisme *ne rend pas* ». L'expression est exacte. Elle pourrait provoquer des recherches intéressantes. Pourquoi ce parti, qui représente des intérêts moraux et matériels si considérables et qui a vu et qui voit dans ses rangs beaucoup d'hommes de valeur, a-t-il depuis un siècle perdu la suprématie? Pourquoi ses revanches sont-elles toujours passagères et semblent-elles destinées à devenir de plus en plus rares?

Sans être aveuglé par l'admiration du régime anglais, on peut bien rappeler que, chez nos voisins, les grandes réformes, les plus hardies et les plus profondes, ont été faites par les conservateurs. Nous, nous avons généralement laissé à la libre-pensée et au socialisme le soin d'ouvrir les voies nouvelles et d'y entraîner la foule.

Cette erreur de conduite explique un bon nombre des événements déplorables dont se compose notre histoire contemporaine. Il faudrait, en se souvenant du passé, chercher dans quelle direction se dessine l'avenir. Ceux qui auront cette préoccupation emploieront utilement leurs efforts.

Eugène TAVERNIER.

L'Avenir d'Arras

Il est mort cette nuit un journaliste qui faisait honneur au journalisme.

Il s'appelait Édouard Hervé, dirigeait le journal royaliste le *Soleil*, appartenait à l'Académie depuis 1886, et était le frère de cet Hervé de Kérohant, que la Ligue dite de la *Patrie Française* a jugé bon d'exclure de ses rangs bien que patriote et Français.

A toute autre époque, la mort d'Édouard Hervé eût été une perte pour les lettres françaises et pour notre profession; mais la perte est plus sensible encore au moment où elle se produit, au fort de la rude bataille dont nous sommes ici les humbles soldats et où le journal d'Édouard Hervé comptait parmi les meilleurs et les plus vaillants combattants.

Il continuera d'ailleurs d'y tenir sa place, car *uno avulso non deficit alter*, et Édouard Hervé a laissé dans son frère un digne héritier de son talent et des traditions qu'il avait introduites et maintenues au *Soleil*. Ces traditions, on les connaît; elles sont d'autant plus précieuses qu'elles deviennent plus rares aujourd'hui. Ce sont les traditions d'une presse qui se respectait assez pour respecter ses adversaires, où l'engueulade n'avait pas remplacé les arguments, où l'on discutait avec les journalistes de l'autre camp sans les traiter de canailles et de vendus, où l'on ne se croyait pas obligé de rapetisser à des arrière-pensées basses leurs opinions les plus généreuses et les plus désintéressées.

Royaliste, Édouard Hervé l'est resté jusqu'à sa mort ; mais libéral aussi, et ce libéral ne séparait pas la liberté de la justice, ni la justice de la vérité. Il avait le culte de tout ce qui fit grande la Patrie française, en dehors et au-dessus des ligues qui prétendent l'exploiter et l'accaparer. Il avait le respect de cette armée qui, sous tous les régimes, promena victorieux d'un bout du monde à l'autre, le drapeau tricolore aujourd'hui commun à tous les partis. Il avait le respect de cette magistrature qu'on essaie en vain de discréditer en ce moment, mais qui n'en poursuit pas moins sa tâche au milieu des injures et des menaces, avec un courage civique aussi méritoire que peut l'être le courage militaire. Et quand, à l'heure actuelle comme aux sombres jours de l'empire, c'est au camp des républicains que se refugièrent la justice et le droit, son talent, son journal furent avec les républicains.

Moins que jamais nous n'avons le droit de l'oublier au moment où il disparaît. Contre les menaces de l'heure présente, contre les campagnes de violence et d'intimidation, contre les zélateurs de la force brutale opposée au droit, contre le patriotisme de café-concert opposé au patriotisme profond et vrai qui veut la Patrie doublement grande de sa force matérielle et de sa force morale, qui la veut insoupçonnée même d'une seule injustice, contre les découragements enfin qui pourraient assiéger les cœurs insuffisamment trempés, son exemple est un salutaire reconfort.

En toutes circonstances, ce libéral, ce Français, ce journaliste sut faire, quoi qu'il dût advenir, son devoir.

D'aucuns, parmi ses amis politiques, ne le lui pardonneront pas, et même à l'heure de sa mort, ils lui garderont rancune d'avoir sacrifié l'intérêt du moment à cet idéal de justice et de liberté dont la France de 1789 fut pendant un siècle l'apôtre aux yeux du monde entier et qu'elle semble par instants avoir oublié aujourd'hui.

Mais ce que la mémoire d'Hervé y perdra du côté de ses coreligionnaires, elle doit le retrouver du côté de ceux qui, pour avoir combattu ses préférences monarchiques, n'en sont pas moins, comme il le fut toute sa vie, des libéraux et de bons Français.

C'est pourquoi sur la tombe de celui qui fut le premier journaliste royaliste de ce temps, nous déposons le modeste et pieux hommage d'un journaliste républicain.

Ch. Vaillant.

Le Journal du département de l'Indre

Le journalisme et l'Académie française ont fait, hier soir, une perte des plus sensibles et tout à fait inopinée.

M. Édouard Hervé luttait depuis plusieurs semaines contre les atteintes d'un mal qui semblait définitivement vaincu, lorsqu'il est mort presque subitement, hier, mercredi, à dix heures du soir, en pleine possession de cette grande intelligence et de cette invincible vaillance qui étaient le fond de son caractère et de sa vie.

La génération actuelle n'a connu en lui que le directeur du journal *le Soleil*, qu'il créa en 1873 et dans lequel il ne cessa de lutter en faveur du comte de Paris, puis du duc d'Orléans, exhortant les princes à la décision et à l'action.

C'est d'ailleurs au directeur du *Soleil* que l'Académie française ouvrit ses portes, à la mort du duc de Noailles, le 11 février 1886, et c'est par conséquent depuis la fondation de ce journal monarchiste, le premier grand quotidien à 5 centimes, que date pour la foule la célébrité du nom d'Édouard Hervé.

Mais, pour une élite de lecteurs, d'hommes politiques et d'écrivains, dont le souvenir est encore charmé, c'est surtout avant cette période qu'il faut aller le chercher et le fixer pour l'histoire, au milieu de polémiques encore plus sonores et de luttes beaucoup plus vives.

C'est de 1863 à 1875, qu'Édouard Hervé a vécu sa vie la plus éclatante et la plus féconde.

Journaliste dans l'âme, journaliste qui ignorait peut-être sa réelle valeur, puisqu'il rêvait constamment de s'échapper et de s'enfuir vers les régions autrement fallacieuses de la politique, il donna, pendant ces douze années, dans la presse du second Empire et des commencements de la République actuelle, la mesure de ses immenses qualités.

Au *Courrier du dimanche*, au *Temps*, à l'*Époque*, sous la direction Feydeau; au *Journal de Genève*, il apparut, dès sa sortie de l'École normale, comme rédacteur principal, collaborateur ou correspondant.

Mais ce fut à partir de 1867 qu'il marqua sa vraie place, le jour où, profitant de la nouvelle loi du 19 janvier sur la presse, il put fonder avec J.-J. Weiss le premier journal de véritable opposition à l'Empire, le *Journal de Paris*.

Très vite, par l'ardeur de sa polémique et par la fermeté de son dogme autant que par l'élégance de sa pensée, il devint le leader le plus apprécié de la monarchie constitutionnelle, et quand la République survint, Édouard Hervé fut le conseiller le plus justement écouté des princes d'Orléans pour lesquels il avait engagé l'âpre combat.

D'autres retraceront ce combat et décriront comme il convient cette période brillante dans laquelle Édouard Hervé a conquis, en équilibre imperturbable, avec sa plume comme balancier, une place si brillante aux côtés de véritables hommes d'État. Au milieu des plus grandes discussions, parmi les pièges et les écueils, son esprit calme, souple et patient ne cessait de dominer; il se retrouvait dans sa phrase toujours sobre, claire et maîtresse du mot, comme dans sa physionomie grave, douce, un peu indolente, non pas immobile, mais volontairement égale.

A l'heure où nous apprenons sa mort soudaine, nous ne

pouvons rappeler que ses principales qualités, non point retracer son rôle. Un mot, d'ailleurs, résume toute sa vie politique, tous ses sentiments, toutes ses convictions et tous ses efforts : c'est la fidélité à ses illustres amitiés.

Jusqu'à la mort, Édouard Hervé a été fidèle à son parti. Ce n'est certes pas une consolation, mais c'est un nouveau titre de fierté pour ceux qui le pleurent : sa femme, sa fille, la comtesse de Grenaud de Saint-Christophle, son fils, Philippe Hervé, son frère, M. Hervé de Kérohant, et cette autre famille à laquelle il a donné l'infatigable exemple du travail et de l'honneur, la Presse française.

Vosgéen d'Épinal

Nous recevons une pénible nouvelle ; M. Édouard Hervé, directeur du *Soleil*, membre de l'Académie française, est mort hier mercredi, à 9 h. 40 du soir. Notre éminent confrère était souffrant depuis plusieurs mois et son état de santé était devenu très inquiétant depuis quelques jours.

M. Aimé-Marie-Édouard Hervé était né à Saint-Denis (Ile de la Réunion) le 28 mai 1835 où son père professait les mathématiques. Lors du concours général de 1856, il obtint le prix d'honneur de philosophie et peu après, le premier de la liste, il entra à l'École normale supérieure, mais il ne tarda pas à donner sa démission et se lança dans le journalisme.

Après une série d'articles littéraires et politiques à la *Revue contemporaine* et au *Constitutionnel*, il entra en 1863 au *Courrier du dimanche* avec Weiss ; peu après, il prit la direction de ce journal libéral qui marque une époque des plus brillantes du journalisme contemporain.

Il collabora ensuite à l'*Époque*, au *Courrier Français*, au *Temps*, au *Journal de Genève* et avec Weiss, il fonda en 1867, le *Journal de Paris* qui fut l'organe célèbre de l'opposition libérale.

Après les désastres de 1870, il se prononça nettement pour le rétablissement d'une monarchie parlementaire et libérale et au commencement de 1872, il donna asile dans le *Journal de Paris* aux rédacteurs des *Débats* qui venaient de quitter ce journal à la suite de son ralliement à la République.

Tout en continuant de diriger le *Journal de Paris*, il fonda le 27 février 1873 le *Soleil* qui fut l'un des premiers journaux à 5 centimes et ne cessa depuis sa fondation de propager les idées conservatrices et libérales.

Au mois d'août 1873, il vit enfin se réaliser, par la visite du comte de Paris au comte de Chambord, cette fusion des deux branches de la monarchie des Bourbons qu'il n'avait cessé de demander. A l'occasion de cet événement, il eut avec Ed. About, directeur du *XIXe Siècle*, une polémique tellement vive qu'elle se termina par un duel entre les deux écrivains; Ed. About fut légèrement blessé.

Peu après le mois d'avril 1875, le *Journal de Paris* cessait de paraître, mais le *Soleil* continuait à vivre sous la direction de M. Hervé et prenait une importance de plus en plus grande.

Le 9 juin 1881, il fut élu conseiller municipal de Paris, dans le quartier de la Chaussée d'Antin, mais il ne fut pas réélu aux élections suivantes. Aux élections législatives de 1885 (scrutin de liste) il obtint plus de 100.000 voix dans la Seine, mais il ne fut pas élu; en 1888, il se présenta comme royaliste à Marseille où il obtint 23.638 voix contre 40.204 données au révolutionnaire Félix Pyat.

En 1886, il avait été élu membre de l'Académie française en remplacement du duc de Noailles. L'Institut avait voulu rendre hommage non seulement au rare talent du brillant journaliste mais aussi au mérite d'ouvrages d'un grand mérite parmi lesquels il convient de rappeler surtout *La Crise irlandaise*.

Esprit fin, polémiste vigoureux, écrivain de race, il était en même temps un caractère unanimement respecté. Il honorait en les servant, les idées que nous nous efforçons de propager par ce journal; c'est dire la part que nous prenons au coup qui vient de frapper le *Soleil*.

Publicateur de La Roche-sur-Yon

Nous avons appris avec une peine inexprimable la mort, à Paris, en son hôtel de la rue de Lisbonne, de notre éminent compatriote et maître, M. Édouard Hervé, directeur politique du *Soleil*, membre de l'Académie française.

M. Édouard Hervé souffrait depuis quelques mois d'une maladie de cœur, qu'on crut d'abord sans gravité; il passa une partie de l'été à Carlsbad, l'autre dans ses propriétés de Vendée, près de Montaigu. Il rentra à Paris dans le courant du mois d'octobre. Il se croyait presque rétabli, lorsque, brusquement, une attaque de paralysie le surprit et l'obligea de nouveau à garder la chambre.

Malgré les soins éclairés dont il était entouré, M. Édouard Hervé ne se remit point de cette secousse. Il put encore sortir quelquefois en voiture, mais peu à peu ses forces diminuèrent et, à la fin du mois dernier il dut s'aliter définitivement.

Son état alors s'aggrava rapidement. Le 1er janvier, le malade, sentant sa fin prochaine, demanda et reçut les derniers sacrements. Il a expiré mercredi soir, à neuf heures, entouré de Mme Hervé, de M. Philippe Hervé, son fils, de M. Hervé de Kérohant, son frère. Jusqu'au dernier moment, le malade a conservé sa pleine connaissance, adressant la parole aux siens, leur faisant de touchants adieux.

C'est M. l'abbé Vallet, le vénérable aumônier du lycée Henri IV, où M. Hervé avait été élevé, qui a apporté au chrétien fidèle à son Dieu et à son Roi les consolations suprêmes de la Sainte Église. « Là, nous apprend M. Furetières, qui note ces souvenirs émus dans le *Soleil*, dans ce suprême tête-à-tête avec l'homme de Dieu, le penseur manifesta immédiatement sa ferme volonté de se confesser et de recevoir l'extrême-onction. Puis, oubliant ses souffrances, étouffant les plaintes qu'elles pouvaient lui arracher, il suivit les prières, répondit en latin, récitant les litanies et les psaumes, en même temps que le prêtre, qui ne pouvait dissimuler son admiration pour tant de piété et de ferveur. Chaque fois que le mot de « *Pax* » revenait sur les lèvres de l'abbé Vallet, celui qui se disposait si tranquillement à quitter le monde, l'accentuait avec force. Suprême souhait d'un penseur, d'un patriote et d'un chrétien! »

C'était avec des larmes dans les yeux qu'un témoin décrivait ce tableau d'une chambre de mourant parée, selon la volonté de celui-ci, pour la célébration du sacrifice d'une messe de minuit, avec pour assistance toute sa famille .

M. Édouard Hervé était né en 1835 à Saint-Denis (ile Bourbon, aujourd'hui ile de la Réunion). Il fit ses études à Paris, au collège Henri IV (alors collège Napoléon).

Au concours général de 1854, Édouard Hervé remportait le prix d'honneur de philosophie, en même temps que deux prix de sciences, et, la même année, il entrait à l'École normale (section des lettres avec le numéro 1. Peu après, Édouard Hervé donna sa démission et entra à la *Revue de l'instruction publique*, à laquelle il donna des articles littéraire, puis passa, en 1860, à la *Revue contemporaine*, où il fut chargé de la « Chronique politique ».

Éloigné de la presse par une grave maladie, pendant trois ans, il y rentra en 1863, en publiant au *Courrier du dimanche* une série d'articles qui devaient consacrer sa réputation. L'année suivante, il faisait paraître au *Temps*, puis en 1865 à l'*Époque*, sous le pseudonyme de Joseph Perrin, d'autres articles qui furent remarqués.

Le 19 janvier 1867, le *Moniteur*, alors journal officiel, publia une « Lettre impériale » qui inaugurait un nouveau régime pour la presse. M. Édouard Hervé fonda alors le *Journal de Paris* avec J. J. Weiss qui ne se sépara de sa collaboration que pour devenir directeur des beaux-arts, en 1870, avec M. Maurice Richard.

M. Édouard Hervé resta à Paris pendant les deux sièges. Sous la Commune, le *Journal de Paris* ne cessa pas sa publication. Il publia avec plusieurs autres journaux une protestation collective contre les élections illégales.

En 1873, il fondait le *Soleil*, grand journal politique à cinq centimes et, la même année, était nommé chevalier de la Légion d'honneur; en 1886, il remplaçait à l'Académie française, le duc de Noailles.

Il a publié, en 1869, *Une page d'histoire contemporaine*, étude sur les élections en Angleterre et les hommes d'État de ce pays, et a donné, en 1885, la *Crise irlandaise depuis la fin du dix-huitième siècle*. Enfin, à diverses reprises, il a écrit dans la *Revue des Deux-Mondes*.

M. Édouard Hervé fit partie du Conseil municipal de Paris de 1881 à 1884, Il y combattit le système de la laïcisation des écoles et des hôpitaux. C'est aussi à ce moment qu'il fit une campagne ardente pour la suppression des octrois et qu'il se livra à une enquête approfondie sur les logements ouvriers.

Au grand regret de tous ses collègues du conseil municipal qui rendaient justice à ses hautes aptitudes, à son libéralisme d'esprit, il ne demanda pas le renouvellement de son mandat.

Mais il suivit toujours avec la plus vive sollicitude toutes les questions qui intéressaient ce Paris qu'il aimait tant, à la grandeur duquel il songeait toujours. Il ne le quittait guère que pour aller dans sa chère Vendée, à Montaigu, où il retrouvait les souvenirs de famille et où il travaillait dans le calme et le repos.

Il laisse deux œuvres littéraires inachevées, mais pour lesquelles il a réuni tous les documents, rédigé toutes les notes nécessaires et qui paraîtront dans quelques mois.

Ajoutons que M. Édouard Hervé, qui portait un si grand intérêt aux choses de la presse, était vice-président du comité de l'Association des journalistes parisiens depuis la fondation de cette société.

Tous les journaux, sans distinction d'opinion, rendent hommage au maître journaliste, au caractère droit, au grand d'esprit, à l'homme bienveillant, à l'adversaire courtois que n'a cessé d'être M. Édouard Hervé. Tous citent en modèle la dignité de sa vie et la loyauté de ses opinions.

Il fut, on peut le dire, l'honneur de notre profession; il s'en va, salué par l'universelle estime.

Puisse sa famille éplorée trouver dans cette explosion unanime de témoignages de sympathie et de regret, un adoucissement à la grande douleur que la Providence lui envoie.

Nous sommes de cœur avec elle en ces journées de deuil, et nous prions Mme Hervé, M. Philippe Hervé, son fils, M. et Mme la comtesse de Grenaud, sa fille et son gendre, M. Hervé de Kérohant, son frère, sa sœur et les autres membres de sa famille de vouloir bien agréer la respectueuse expression de nos sentiments de condoléances.

Les obsèques de M. Édouard Hervé ont été célébrées samedi, à 10 heures du matin, à l'église Saint-Augustin, au milieu d'une affluence considérable où l'on remarquait toutes les notabilités de la politique, des lettres, des sciences et des arts.

L'inhumation s'est faite au cimetière Montmartre où plusieurs discours ont été prononcés.

Express de Lyon

L'éminent écrivain qui vient d'être enlevé prématurément par un mal impitoyable était l'honneur de notre corporation. Sa mort est saluée, dans la presse, par les regrets unanimes de tous ceux qui furent ses confrères ou ses disciples. Il n'y a pas une note discordante.

Pendant ses quarante-quatre ans de journalisme, M. Édouard Hervé eut des adversaires : il n'eut pas d'ennemis. Dans les camps politiques les plus éloignés du sien, si tout le monde admirait son merveilleux talent de polémiste, sa belle langue claire et bien française, où se retrouvait la grande tradition des maîtres, il n'y avait aussi qu'une voix pour rendre hommage à la courtoisie parfaite de l'homme et de l'écrivain, à la haute loyauté de son caractère, à la sûreté de ses relations.

Journaliste, et rien que journaliste, mais du premier rang, M. Édouard Hervé laisse à la jeune génération l'exemple d'une remarquable unité de vie. L'un des premiers, il pressentit le rôle considérable que la presse était appelée à jouer de notre temps. C'est à lui que revient l'honneur d'avoir, avant tout autre, entrepris de lancer en France un grand journal quotidien à cinq centimes.

Dans cette tâche hâtive de la production incessante, il s'imposa toujours la même règle de droiture et d'équité. Nul plus que lui ne pratiqua le respect des convictions des autres. Nul n'apporta plus de conscience dans l'exercice de notre profession. Il lui arrivait, après s'être aperçu d'une erreur commise, de se relever au milieu de la nuit pour la faire rectifier sous presse au moment du tirage.

Lorsque, de 1884 à 1889, M. Édouard Hervé fit à l'*Express* l'honneur de le diriger, la première recommandation qu'il fit à ses jeunes collaborateurs fut de ne jamais écrire contre leur pensée, de respecter leurs adversaires, de discuter sur les idées, non point sur les personnes. C'était la tradition de l'ancien journalisme, tradition qui se perd au milieu des luttes passionnées des partis.

L'*Express* suivit plus tard une autre ligne politique : il conserva ces traditions professionnelles qui l'ont fait estimer.

La perte de cette grande figure du journalisme, que fut M. Édouard Hervé, est donc particulièrement sensible dans ce journal, qui fut, pendant deux ans, l'objet de sa sollicitude désintéressée, et c'est avec un profond regret que nous nous inclinons devant la tombe, trop tôt ouverte, de ce parfait honnête homme, qui honorait si hautement notre profession.

Nous adressons à Madame Hervé, à ses enfants, et à notre confrère M. Hervé de Kérohant, directeur du *Soleil*, l'expression de nos sentiments de profonde condoléance.

L'Éclair de Montpellier

Comme nous l'avons dit hier, M. Édouard Hervé était né en 1835, à Saint-Denis (Ile de la Réunion).

Son père y occupait, au collège de la colonie, la chaire de mathématiques spéciales.

M. Hervé, père, d'une famille d'origine bretonne, né à Nancy, en 1789, s'était occupé de journalisme avant d'entrer dans l'enseignement. En 1814, il était rédacteur en chef du journal *la Meurthe*, qu'il supprima le jour même où les alliés entrèrent à Nancy, ne voulant point écrire sous la surveillance de l'ennemi. C'est alors qu'il partit comme professeur à la Réunion.

M. Édouard Hervé commença ses études dans la colonie et les acheva à Paris, au collège Henri IV (alors collège Napoléon). Il y fut un des plus brillants élèves, remportant au concours général de 1854 le prix d'honneur de philosophie et deux prix de sciences. La même année, il entrait à l'École normale supérieure (section des lettres) en tête de la promotion.

Quelque assuré que fût l'avenir que lui réservait le professorat, M. Édouard Hervé se sentait attiré par le journalisme.

Il quitta donc l'Université et publia ses premiers articles dans *Revue de l'Instruction publique*. En 1860, il était chargé de la chronique politique à la *Revue contemporaine*.

Une maladie sérieuse le tint pendant quelque temps éloigné de la presse, mais, en 1863, il reprit la plume comme rédacteur au *Courrier du Dimanche*. La série d'articles qu'il fit paraître dans ce journal attira sur le jeune journaliste l'attention publique, et dès ce moment sa réputation de brillant écrivain était solidement établie.

En 1864 et en 1865, M. Édouard Hervé écrivait dans le *Temps* et l'*Époque*, sous le pseudonyme de Joseph Perrin, divers articles qui lui attirèrent les sévérités du gouvernement impérial. Le *Courrier Français*, que M. Édouard Hervé venait d'acquérir avec son ami M. J.-J. Weiss fut suspendu tandis que M. Weiss entrait au *Journal des Débats*, M. Hervé devint le principal correspondant du *Journal de Genève*.

Lorsque l'Empire entra dans sa carrière libérale et soumit la presse à une oppression moins aiguë, régime inauguré par la *Lettre impériale*, insérée au *Moniteur* du 19 janvier 1867, MM. Édouard Hervé et J.-J. Weiss fondèrent le *Journal de Paris*, dont le premier numéro parut le 27 avril 1867. Mais le premier en devint bientôt l'unique directeur, M. Weiss ayant été nommé secrétaire général du ministère des beaux-arts. Il eut alors pour principaux collaborateurs : MM. Ferdinand Duval, Edmond Villetard, Francisque Sarcey Rane, Henry Fouquier, Louis Joly, Louis Teste, Jules Delafosse, plus tard M. Saint-Marc Girardin, Auguste Léo et Eugène Dufeuille.

L'Empire, qui sentait combien il lui eût importé de gagner un homme tel que M. Hervé, lui offrit vainement, le 2 janvier 1870, une préfecture de 1re classe, celle de la Gironde. Le directeur du *Journal de Paris* continua sa redoutable opposition contre un régime dont il ne pouvait absoudre le principe.

Pendant le siège et pendant la commune, M. Éd. Hervé, resta à Paris, bravant les colères du pouvoir insurrectionnel et ne s'éloigna que dans les premiers jours de mai, lorsque son journal eût été brutalement supprimé.

Après la chute de la Commune, le *Journal de Paris* reparut et sa publication fut continuée jusqu'en 1876. Mais, entre temps, son directeur avait fondé le premier grand journal quotidien à cinq centimes, le *Soleil* (5 février 1873), ayant pressenti la révolution que les temps nouveaux préparaient dans les habitudes de la presse.

En 1873, M. Édouard Hervé était nommé chevalier de la Légion d'honneur.

Outre les nombreux articles qu'il a écrits dans le *Soleil*, M. Édouard Hervé a publié plusieurs ouvrages historiques, notamment *Une page d'histoire contemporaine* et la *Crise irlandaise depuis la fin du XVIII*e *siècle*, ainsi qu'un grand nombre d'études qui ont été publiées dans divers recueils, principalement dans la *Revue des Deux Mondes*.

Ses ouvrages et ses articles le conduisirent à l'Académie française, où il fut élu en 1886, en remplacement de M. le duc de Noailles.

M. Édouard Hervé fit partie du Conseil municipal de Paris de 1881 à 1884. Il représentait à l'assemblée municipale le quartier de la Chaussée d'Antin. A l'Hôtel de Ville, il combattit le système de laïcisation à outrance des écoles et des hôpitaux, fit une active campagne pour la suppression des octrois et se livra à une enquête approfondie sur les logements ouvriers.

La mort a surpris M. Édouard Hervé, sans lui laisser le temps de terminer deux ouvrages littéraires pour lesquels il a réuni tous les documents, rédigé toutes les notes nécessaires, et qui paraîtront dans quelques mois.

La vie de M. Édouard Hervé aura été un honneur constant rendu à la profession de journaliste dans ce qu'elle a de plus élevé.

Il en fut, de l'aveu de tous, un des maîtres les plus aimés et les plus écoutés. Les extraits de journaux que nous avons publiés disent en quelle estime le tenaient nos confrères.

Ceux-ci lui avaient prouvé, de son vivant, quel était à cet égard, leur sentiment, puisqu'ils l'avaient porté, dès la fondation de l'Association des journalistes parisiens, à la vice-présidence du comité de cette association et l'y ont toujours maintenu. M. Édouard Hervé était en outre, depuis de longues années, vice-président du syndicat de la presse parisienne.

Homme politique d'un jugement très sûr, de convictions inébranlables, un militant dans toute la force du terme, il combattait avec tant de sincérité et ses armes étaient si courtoises qu'il n'a jamais eu d'ennemis. Il n'a eu que des adversaires, auxquels la droiture de son caractère imposait l'estime de l'homme et le respect de ses idées.

Royaliste, catholique, il était avant tout Français et n'eût jamais de pensée qui ne fût dirigée vers les intérêts et la grandeur de sa patrie.

Aucune question de politique intérieure, aucune question de politique extérieure, aucune d'économie politique ne lui était étrangère. Il les abordait toutes avec des idées personnelles et une rectitude de vues qui donnaient à la façon dont il les traitait une incontestable autorité.

On connaîtrait mal l'homme politique, si profondément honnête qu'était M. Édouard Hervé, si l'on ne savait de quel esprit libéral il était animé : aucun progrès ne l'a jamais trouvé hostile ; il était prêt à accueillir, dans ce qu'il y trouvait de pratique et de sain, les réformes les plus hardies que comporte l'état social moderne.

Le nom d'Édouard Hervé ne figure pas parmi les vingt-cinq membres de l'Académie qui ont été les premiers à adhérer à la *Ligue de la Patrie Française*.

Il est mort au moment même où la Ligue a fait son apparition officielle et définitive dans d'autres journaux que le sien.

Il a certainement ignoré la constitution de ce groupement patriotique, et il ne doit être en rien rendu responsable des incidents fâcheux qui se sont récemment passés au *Soleil*.

Depuis quelque temps déjà, Édouard Hervé était perdu pour son journal, pour sa famille et pour son parti. Sa santé profondément ébranlée depuis longtemps, était devenue absolument mauvaise, et il avait dû renoncer à tout travail intellectuel et à toute lecture.

C'est à son insu que le *Soleil* avait pris l'attitude que l'on connaît, et notre éminent ami a tout ignoré des incidents bruyants de ces jours derniers.

Nous le connaissions assez pour pouvoir affirmer que jamais sous sa direction, le *Soleil* n'eût pris l'attitude qu'on lui a connue et qui a obligé la Ligue des Académiciens patriotes à repousser ses avances et ses amabilités équivoques.

Édouard Hervé était sincèrement et profondément royaliste et patriote. Esprit très fin, très délicat et en même temps très net et très précis, il donnait aux idées qu'il défendait une clarté et un relief merveilleux.

On avait attribué à son journal le caractère d'organe officieux et même officiel des princes d'Orléans d'abord, de Mgr le comte de Paris, ensuite.

Rien de plus inexact. Le *Soleil* était absolument indépendant. Il n'avait d'autre autorité que celle qu'il tenait du talent et du caractère de son directeur, Édouard Hervé.

Si dans son entourage on ne prévoyait pas un dénouement aussi rapide, M. Édouard Hervé ne s'illusionnait pas sur sa fin prochaine : la mort l'a saisi en pleine possession de son intelligence à la fois si vaste et si lucide. Fervent chrétien toute sa vie, il a fini chrétiennement, au milieu des soins que lui prodiguait Mme Hervé avec le plus tendre dévouement.

La Gazette du Midi, Marseille

La dépêche qui, la nuit dernière, nous annonçait la mort de M. Édouard Hervé, aura eu dans la presse française tout entière un sincère écho de regrets. Le directeur du *Soleil*, en effet, fut avant tout journaliste. Il professait pour notre carrière un respect et aussi un amour sans bornes. Comme publiciste il se présenta à l'Académie Française qui voulut honorer en sa personne le journalisme fièrement et honnêtement pratiqué ; c'est comme publiciste aussi qu'il prit part à des luttes électorales d'où son nom, malgré l'insuccès matériel, sortait chaque fois grandi en considération et en estime. Nul n'apporta dans l'exercice de notre profession plus de conviction alliée à une indépendance plus grande, à un souci plus vif de sa dignité.

Édouard Hervé était né en 1835. Lauréat du Concours général de 1854, il entra à l'Ecole Normale le premier de la promotion dans la section des Lettres. Le professorat lui ouvrait une carrière facile et lucrative. Mais le goût du journalisme l'avait déjà pris. Il donna sa démission et dès lors il se consacra tout entier à l'étude des questions politiques et sociales. Les biographes rappellent ses débuts, qui furent brillants, les premières lances qu'il rompit contre les abus du régime impérial, son entrée avec Weiss au *Journal de Paris*, en 1867, et enfin, en 1873, sa création du *Soleil*, auquel il imprima, dès les premiers jours, une allure dont les anciens abonnés et amis de ce journal ne se rappellent pas aujourd'hui sans quelques mélancoliques regrets.

Édouard Hervé travailla ardemment au rapprochement qui devait amener la réconciliation de la Maison de France. Et quand celle-ci fut opérée, il se lança avec un redoublement d'ardeur dans la mêlée politique, luttant avec une vaillance qui ne connut pas le découragement contre les mesures de laïcisation, les persécutions sectaires et les expulsions liberticides. J'ai encore à la mémoire l'impression profonde que causa sur les esprits sensés et impartiaux la magistrale série d'articles qu'il publia en 1877 contre les lois Ferry : plaidoyer de superbe lucidité qui s'élevait, fort du droit et de la justice, contre les honteuses manœuvres de la franc-maçonnerie déchaînée.

L'Académie ouvrit ses portes à M. Hervé en 1886. Il remplaçait M. de Noailles. Son discours est l'une des belles pages académiques qui nous soient restées.

La politique active tenta toujours M. Hervé. Au Conseil municipal de Paris il avait donné la mesure de ce que l'on pouvait attendre de sa sagacité et de sa facilité d'assimilation aux questions les plus ardues. Un premier échec aux élections législatives dans le IXe arrondissement de Paris stimula encore l'esprit de combativité que, chez lui, n'atténuèrent jamais la courtoisie des relations et la modération de la forme.

Aussi, au mois de mars 1888, lorsqu'une élection partielle mit en présence dans les Bouches-du-Rhône les partis républicains de toutes nuances, nos amis songèrent à lui offrir une candidature monarchiste qu'il accepta sans hésitation.

Quatre jours à peine nous séparaient du scrutin quand, par retour du télégraphe, nous parvint l'adhésion du directeur du *Soleil*. Non seulement il mettait l'autorité de son nom et l'appoint de son labeur personnel au service du Comité, mais avec une générosité que nous pouvons dévoiler maintenant, il voulut, de ses propres deniers, solder les dépenses de cette élection.

Que de souvenirs personnels sont pour moi liés à cette campagne plus brillante encore qu'elle ne fut rapide. Deux sont à rappeler, qui donnent une haute idée de l'homme qui avait, au pied levé, accepté la lutte et opposé le drapeau conservateur aux faux-fuyants opportunistes de M. Henry Fouquier et aux utopies antisociales de M. Félix Pyat.

« Je me jette dans la mêlée sans la moindre hésitation, nous dit au débotté M. Hervé, j'irai jusqu'au bout. Mais je lutte sur le terrain des principes et je désire que mes amis s'abstiennent de toute personnalité désobligeante. Quand on a l'honneur de représenter un parti comme le nôtre, les individualités n'existent pas. Nous combattrons non pas Pyat ou Fouquier, mais l'indiscipline militaire et le désordre dans la rue d'une part, la République parlementaire et ses impuissances de l'autre. Voilà mon programme. »

En quatre jours, du mercredi au samedi, nous parcourûmes presque les principaux centres du département. Partout nous réussîmes à faire acclamer le nom d'Hervé.

A Châteaurenard, un soir, tous les électeurs du pays avaient été convoqués par Félix Pyat. Tous y étaient, conservateurs et républicains. Retenu ailleurs, M. Hervé n'avait pu s'y rendre. Un ami et moi essayâmes de l'y suppléer. Certes la tâche fut plus facile que nous osions l'espérer. Sur l'estrade réservée d'ordinaire aux musiciens, nos têtes touchant presque les madriers de la voiture, nous nous trouvions côte à côte avec l'apôtre farouche de la Commune. Douze cents personnes s'entassaient, serrées, debout au-dessous de nous.

Le convocateur avait pris le premier la parole. Puis, Félix Pyat se leva. D'une voix encore suffisamment puissante, le fameux communard fit une courte profession de foi. Vous vous doutez de ce qu'elle fut. Puis il ajouta :

« Je n'ai ici à attaquer mon adversaire que parce qu'il prône des idées contre lesquelles ma vie entière fut en combat. Sa candidature même indique à quel point on redoute mon succès. On a choisi, pour me l'opposer, un homme qui est l'honneur de la profession à laquelle il appartient, et il n'en coûte pas au révolutionnaire endurci que je suis de dire le bien que je pense de son talent et de son caractère... »

Naturellement, Félix Pyat se répandit aussitôt après en invectives contre l'ancien régime. Nous protestâmes. Nos amis de Châteaurenard firent chorus et la réunion s'acheva dans un de ces hourvaris électoraux familiers alors à la « Vendée du Midi ».

M. Hervé obtint plus de 23.000 voix, Félix Pyat en eut 40.000 et M. Henry Fouquier arriva troisième avec 12.000 suffrages. Notre candidat accueillit ce résultat avec une sérénité parfaite. Tel il recevait les dépêches de nos comités de canton, tel je l'avais vu et je l'ai revu souvent depuis à la rédaction du *Soleil*, entouré de ses collaborateurs qu'il traitait sur un pied de paternelle camaraderie, s'intéressant à tout et à tous, s'inquiétant des plus petits détails du journal, s'informant de la « première » de la veille, revoyant les épreuves de son article du lendemain. C'est, il faut le répéter, dans les multiples préoccupations de cette besogne variée, ardue, accablante de journaliste quotidien, à la fois directeur, rédacteur en chef, s'improvisant parfois reporter, qu'il faut avoir surpris Édouard Hervé pour se faire une idée du goût qu'il eut pour notre rude métier. Et — c'est le plus bel éloge qu'on peut faire de lui. — ce goût confina à la passion la plus élevée et la plus constante.

Depuis quelques mois, son état de santé inquiétait son entourage, sa famille, ses rédacteurs. Peu à peu il avait passé à son frère, M. Hervé de Kerohant, les rênes de la direction administrative et politique du *Soleil*. Sa signature n'avait pas paru depuis longtemps déjà dans le journal quand se produisirent des incidents sur lesquels nous n'avons pas à revenir ici.

M. Édouard Hervé, d'origine créole, était allié à d'anciennes et recommandables familles marseillaises. Il aimait notre Provence à laquelle il était lié par de sympathiques attaches. Ce nous est un double motif de saluer la mémoire de cet homme de talent et de devoir qui, à une époque où le journalisme prête trop souvent le flanc au persiflage et à la critique, fit en tous ses actes admirer autant la sincérité de ses convictions que le désir de rehausser notre profession par le sentiment toujours juste de la mesure et par une exemplaire dignité.

Aug. Giry.

Avant-Garde de Mont-de-Marsan

Nous apprenons la mort de M. Édouard Hervé, membre de l'Académie française, directeur du *Soleil*, qui a succombé mardi dernier à Paris, emporté par une maladie de cœur dont il souffrait depuis longtemps.

D'autres, plus autorisés que nous, diront les mérites de ce grand écrivain, le talent de ce journaliste célèbre, dont l'esprit d'à propos savait trouver sans effort le trait qui frappe, ou le mot qui porte.

Nous parlerons simplement des rares qualités de cœur de l'ami que nous venons de perdre.

M. Édouard Hervé était la bonté même. Pas n'était besoin d'être de ses familiers pour s'en apercevoir. Son visage, ses yeux surtout si expressifs reflétaient la bonté. On se sentait attiré vers lui. On l'abordait sans presque le connaître. Et ceux qui étaient venus à lui, meurtris par le passé ou désespérant de l'avenir, le quittaient séduits par son accueil affable, réconfortés par ses conseils, encouragés par son exemple.

Modeste à l'excès ne cherchant qu'à passer inaperçu, il fuyait les occasions de paraître, et — pour mieux obliger ses amis ou ses confrères — se faisait tout petit à leur taille.

Ces qualités d'autant plus appréciées qu'elles sont plus

rares, font que la mort de M. Édouard Hervé sera universellement regrettée. Quant à nous, nous le pleurons comme un ami et nous prions Mme Édouard Hervé et M. Philippe Hervé, son fils, Mme la comtesse de Grenaud de Saint-Christophle, sa fille, d'agréer l'expression de nos douloureux sentiments de condoléance.

R. A. M.

Le Petit Phare de Nantes

Je n'ai pas l'intention de parler, au point de vue politique, de l'écrivain très distingué qui vient de mourir, pour plusieurs raisons dont la première est que je n'aime pas à m'occuper de politique, et la seconde que M. Édouard Hervé avait des opinions différentes de celles que je pourrais avoir.

Je ne sais trop où le défunt avait puisé ce goût prononcé qu'il montra de tout temps pour les institutions anglaises, étant donné que rien ne l'y portait, ni ses traditions de famille, ni le lieu de sa naissance qui était une vieille île française de l'Océan Indien. Il peut paraître bien extraordinaire, au premier abord, d'être de l'île Bourbon et de désirer faire blanchir son linge à Londres ; c'est pourtant ce dont M. Hervé donnait le spectacle.

Je voudrais bien, toutefois, oublier ce que les préjugés politiques avaient fait de cet homme si bien doué, pour ne parler que du jeune et séduisant collégien que l'île Bourbon envoya en France comme boursier, vers 1848 ou 1849, pour compléter ses études.

Il était à l'âge des opinions généreuses et les désillusions de la politique et l'amitié des d'Orléans n'avaient pas encore soufflé sur son âme ouverte à toutes les idées de progrès.

Par un hasard, dont je n'ai d'ailleurs guère profité, le jeune Édouard Hervé fit voile, de Bourbon pour la France, sur un trois-mâts que commandait mon père. Je dois déclarer, pour être juste, qu'il n'a jamais oublié le brave capitaine qui fut, pendant trois mois, son maître après Dieu, entre le ciel et l'eau et qui, le premier, lui montra à l'horizon la côte de notre beau pays de France.

La vie les sépara ; mais je suis persuadé que je n'eusse jamais fait en vain appel à ces souvenirs de la quinzième année ; et il me vient parfois des regrets de ne l'avoir pas fait, l'influence qu'avait Édouard Hervé étant beaucoup plus considérable que ne se l'imaginent les gens assez naïfs pour croire que le gouvernement de la République refuse toutes ses faveurs à ses ennemis.

A Saint-Nazaire, au 16 Mai, un autre Hervé qui, pour se distinguer de son frère aîné, se fait appeler de Kerohant, avait été sous-préfet — et, en cela, il fut plus heureux qu'Édouard, qui ne fut jamais qu'Académicien. J'eus le plaisir de voir ce jeune fonctionnaire au plus ardent de la lutte acharnée qu'il menait contre la République ; mais, comme disait Corneille :

Que vouliez-vous qu'il fît contre trois cent soixante-trois ? — Qu'il [mourut !

Il succomba donc et se lança dans le journalisme, où il se créa une place enviable sans cependant arriver à réaliser toutes ses espérances, puisque nous avons eu ces jours derniers la douleur de constater que la Ligue de la Patrie française n'avait pas voulu l'admettre dans son sein très fermé.

Mais revenons à Édouard Hervé pour constater que la politique, la vilaine politique, a ravi cette belle intelligence à la littérature où elle se fut illustrée, pour en faire un politicien, de haute allure naturellement, auteur d'un certain nombre d'ouvrages dont tout le monde parle et que personne n'a lus, pour en faire un candidat toujours malheureux à la députation que sans peine décrochent les plus médiocres.

Et alors je me demande si, sur le navire qui le portait en France pour la première fois, il n'eût pas été opportun qu'il y eut quelqu'un doué de prescience qui eût dit au jeune lauréat du lycée de Saint-Denis : « Jeune homme, défiez-vous des idées distinguées, des opinions de gentlemen anglais ; défiez-vous des princes d'Orléans qui prêtent plus, dit-on, au ridicule qu'à leurs amis ; occupez vos hautes facultés littéraires à des travaux exclusivement littéraires, et la postérité vous décernera une couronne immortelle que je crains bien qu'elle ne refuse à l'homme politique, directeur du journal orléaniste le *Soleil*.

A.-J. GOUIN.

*
* *

La mort d'Édouard Hervé ne peut laisser indifférente notre région. L'éminent journaliste venait en effet à peu près tous les ans passer quelques semaines dans sa propriété où, d'ailleurs, habitait jadis sa mère, morte il y a deux ou trois ans.

Aussi nous sommes-nous efforcés de recueillir quelques renseignements sur Hervé et sur ses villégiatures à Montaigu.

Nous nous sommes rendus d'abord chez notre distingué confrère M. Merson, ami personnel du directeur du *Soleil* auquel, depuis quatre ans, il collaborait lui-même par des *Lettres de l'Ouest* fort remarquées, et bien placé par conséquent pour le connaître et l'apprécier.

« Hervé, nous dit M. Merson, était par excellence le journaliste honnête; c'était en même temps un publiciste de grande envergure et des plus distingués.

« Il était directeur-propriétaire du *Soleil* ceci dit pour détruire une légende qui attribuait au duc d'Orléans la propriété de ce journal.

« Promoteur de l'Union libérale, avec Prévost-Paradol et Ferry, Hervé contribua à la fin du second Empire, à l'entrée d'Émile Ollivier aux affaires.

« C'est un des rares journalistes qui soient entrés à l'Académie, n'ayant guère, comme bagage littéraire que leurs articles de journal ; il y entra, d'ailleurs, par l'appui du parti des ducs, dans lequel il resta.

« Vice-président, si j'ai bonne mémoire, de l'Association des journalistes de Paris, Édouard Hervé était chevalier de la Légion d'honneur et grand croix de Charles III.

« Il aimait beaucoup Montaigu, nous dit en terminant M. Merson, sa mère y demeurait et il y venait souvent. S'il avait vécu, il n'est pas impossible qu'il se fût présenté aux prochaines élections sénatoriales dans la Vendée. Mais il était malade depuis plusieurs années et ne s'occupait même plus du journal dont la direction était assumée entièrement par son frère M. Hervé de Kérohant. »

En ce qui concerne les séjours d'Édouard Hervé à Montaigu, nous avons demandé à notre correspondant de nous envoyer quelques renseignements, et nous avons reçu la dépêche suivante :

« *Montaigu, 5 janvier.* — Depuis longtemps, M. Édouard Hervé partageait son temps entre Paris, son château de la Thibaudière en Saint-Fulgent, et Montaigu.

« Il venait passer presque tous les étés dans cette ville. Son fils Philippe, filleul, croyons-nous, du duc d'Orléans, y restait presque toute l'année, c'est là qu'il a été élevé, il n'a quitté Montaigu que ces derniers temps pour habiter Paris.

« M. Édouard Hervé vivait très retiré. On ne connaissait de lui que son étrange mais sympathique figure, qui passant monologuante, semblait traverser la vie comme on traverse un rêve.

« S'il arrivait que demain notre contrée ne se souvînt plus

de lui, les pauvres, dont il a quelques heures ensoleillé l'infortune, ne l'auront certes point oublié. »

Par ces quelques appréciations et par les articles que consacrent tous les journaux parisiens à Édouard Hervé on peut juger de l'estime unanime dont il était entouré.

C'était un de ces hommes dont on peut ne pas partager les opinions, mais dont le caractère et le libéralisme commandent le respect et l'admiration.

⁂

Pour terminer, voici quelques notes biographiques sur Édouard Hervé :

Aimé-Marie-Édouard Hervé est né à Saint-Denis de la Réunion le 28 mai 1835. Sorti de l'école normale supérieure en 1854, il se jeta de bonne heure dans le journalisme devint en 1863, directeur du *Courrier du Dimanche*, et s'y fit remarquer par la finesse et la vivacité courtoise de ses articles contre l'Empire.

En 1867, il fonda avec J.-J. Weiss, le *Journal de Paris*, et soutint quelque temps l'Empire, transformé par M. Émile Ollivier. Après le 4 septembre, il se donna tout entier au parti orléaniste qu'il ne cessa de servir depuis.

Le *Soleil* succéda au *Journal de Paris*; il devint pour ainsi dire l'organe officiel du comte de Paris. Son directeur, M. Édouard Hervé, travailla à la fusion des deux branches de la famille de Bourbon, soutint le septennat, les ministères Broglie, Cissey, Buffet, défendit la politique du 16 mai 1877 pour le respect de la légalité, rompit très nettement en 1879 avec le parti légitimiste pur, siégea de 1881 à 1884 au conseil municipal de Paris et fut admis en 1886 à l'Académie française.

A diverses époques, mais toujours sans succès, il posa sa candidature à la députation.

Revue de l'Ouest, Niort

ELECTEURS,

Mes amis des Bouches-du-Rhône m'ont fait un grand honneur : ils m'ont appelé pour barrer le passage au candidat de la Commune et au candidat de l'indiscipline militaire.

Ma candidature signifie donc *résistance au désordre dans la rue et résistance au désordre dans l'armée.*

Elle signifie encore autre chose.

J'ai en face de moi un troisième candidat, qui représente la République parlementaire.

Or, la République parlementaire prouve tous les jours son impuissance. *Elle est appelée à disparaître.*

On se demande déjà *quel sera le gouvernement de demain.*

Quant à moi, je n'ai jamais dissimulé mes préférences, *je suis pour la monarchie.*

Je la veux *traditionnelle par son principe, moderne par ses institutions*, protectrice de nos libertés, respectueuse de la religion.

La question de la forme du gouvernement se posera bientôt dans toute la France.

Si vous croyez comme moi que la République parlementaire est condamnée à une fin prochaine, *choisissez dès à présent entre la Monarchie, l'anarchie et la dictature.*

C'est surtout en ce moment, où notre peuple commence

à chercher un maître, qu'il faut montrer le Roi à la France.

Edouard Hervé.
de l'Académie française, directeur du *Soleil.*

C'est en ces termes prophétiques que se présentait à Marseille, en 1888, M. Édouard Hervé qui vient de mourir.

Avec ces trois mots : Monarchie, anarchie, dictature, M. Hervé montrait admirablement la situation en face de laquelle la République a placé le pays.

Il posait la question comme elle doit être posée.

En face du radicalisme menaçant et sauvage de M. Félix Pyat, en face de la dictature d'un Boulanger, M. Hervé arborait le drapeau national de la Monarchie.

« Je suis pour la *Monarchie*, » s'écriait-il.

Il n'avait pas d'autre programme électoral que ce mot-là, parce que ce mot-là résume et explique tout, il montrait au public la voie unique où il peut trouver la délivrance et le salut, car en dehors de la Monarchie, il n'y a pour lui que de nouveaux jougs à subir plus humiliants les uns que les autres, et de nouvelles aventures où achèverait de sombrer ce qui reste de la fortune de la France.

Nos lecteurs trouveront aux Dernières Nouvelles les appréciations de la Presse sur l'illustre défunt.

E. B.

Petit Phare

Édouard Hervé qui vient de mourir avait fondé vers 1860 le *Courrier du Dimanche*, organe d'opposition, qui combattait le bon combat contre l'empire. Il fut encouragé par tous ceux qui cherchaient à renverser le gouvernement né du coup d'État et qui devait finir de la façon la plus lamentable et la plus honteuse. Peu importait, alors, qu'on fût royaliste ou républicain, autoritaire ou libéral, pourvu qu'on ne fut pas bonapartiste, cela suffisait.

— Nous n'avons pas le même paradis, écrivait un jour, vers cette époque, M. Thiers au *Phare de la Loire*, mais nous avons le même enfer.

C'est ce qui attirait au journal de M. Hervé les sympathies de l'opposition tout entière. Ses collaborateurs royalistes furent peu nombreux ; les bonnes plumes du parti s'encrassaient, inutiles, dans les encriers, et dans cette œuvre dirigée par un défenseur de la monarchie, les écrivains monarchistes ne donnèrent pas. Ils sentaient qu'ils n'avaient pas le vent dans les voiles et il suffit de reprendre la liste des principaux rédacteurs de 1864 pour se rendre compte de cette situation au moins bizarre. C'était, dans l'ordre alphabétique, MM. Alfred Assollant, l'auteur du *Marcomir*, depuis, collaborateur du *Rappel* ; Castagnary, du *Siècle*, qui ne songeait guère alors qu'il serait un jour conseiller d'État sous la troisième République ; A. Erdan, le célèbre correspondant du *Temps*, qui s'ingéniait à faire aimer l'Italie arrachée enfin à la domination de la papauté et des Bourbons ; c'était encore Charles Habeneck, un des collaborateurs les plus fidèles du *Phare de la Loire*, qui écrivit après le siège de Paris son livre fameux sur les *Régiments martyrs*, et Gustave Isambert, devenu plus tard une des colonnes de la *République Française*, et Prévost-Paradol, alors dans toute la verve d'une opposition généreuse, qui depuis devait s'incliner devant les faveurs du pouvoir et payer de la vie un moment de désolant oubli.

N'est-il pas vrai qu'un coup d'œil jeté sur cette liste d'écrivains de race suffit à révéler les affinités politiques d'Édouard Hervé, qui les avait réunis sous sa direction ? Ils n'auraient pas réussi à combattre près de lui, s'ils n'avaient pas su que c'était un libéral dans la meilleure acception du mot, et qu'il n'avait rien de la platitude des courtisans ?

Celui qui aurait la patience de feuilleter, de 1860 à 1870, la collection du *Phare de la Loire*, y trouverait plus d'un article d'Édouard Hervé, rédacteur occassionnel, qui lui adressait telle communication qu'aucun journal de Paris n'eût été alors assez osé pour accueillir de peur de suspension. Il y reçut l'hospitalité que tous les écrivains d'opposition étaient sûrs d'y rencontrer, quelles que dussent être pour le journal les conséquences d'une lutte trop ardente où le pouvoir censuré était à la fois juge et partie.

Édouard Hervé avait, à Nantes, à Montaigu, en Vendée, des relations de famille et d'amitié qui l'amenaient assez fréquemment dans notre ville. Il n'y a pas plus d'un an à dix-huit mois que nous le vîmes aux fauteuils d'orchestre du théâtre Graslin, assistant à une représentation où il semblait, malgré la gravité habituelle de sa physionomie, prendre un véritable plaisir.

C'était un homme d'allures simples. Il n'a voulu ni discours sur sa tombe, ni cortège fastueux derrière son cercueil, il savait trop sans doute, par la longue pratique des hommes et des choses, combien frivoles et souvent mensongèrss sont les banalités des panégyriques, et il s'est dit que s'il devait être sincèrement regretté, ce ne serait que par les siens et quelques amis des plus intimes.

Les journalistes de cette trempe se font de plus en plus rares ; ceux que la mort atteint ne sont presque plus remplacés, il en reste encore quelques-uns, il en naîtra sans doute d'autres, mais à l'heure présente la plupart des nouveaux venus, sans expérience professionnelle, insuffisants et suffisants tout à la fois, ne sachant ni l'histoire contemporaine, ni l'économie politique, ni l'évolution de l'Europe et du Nouveau Monde depuis un siècle, substituent leur faconde violente et diffamatoire aux doctrines puissamment réfléchies de leurs devanciers.

Le jour où Édouard Hervé fut élu à l'Académie Française, sans y apporter comme bagages littéraires, de nombreux in-folio, c'était un hommage que l'illustre compagnie rendait à la presse digne de ce nom dans la personne d'un de ceux qui l'avaient le mieux servie, en lui assurant le respect. Aujourd'hui, la presse est envahie par les *condottieri* de la plume, par des journalistes de grand chemin. Nous comprenons que M. Édouard Hervé n'ait pas tenu à se trouver en contact, même après la mort, avec ces « confrères » à qui il ressemblait si peu.

Patriote de Pau

Voici un des journalistes de la grande école qui disparaît, et le républicain que je suis, vient, avec une respectueuse émotion, donner le salut de la plume à ce royaliste convaincu qui s'en va.

C'était un honnête homme et c'était un libéral ; il ne connut jamais les tares de la carrière ni les hésitations de la conscience, et je ne sais pas de plus bel éloge.

Dans notre monde de la presse, où tant d'intrus ont escaladé les directions par la seule force de leurs fortunes, où tant d'autres se sont faufilés par l'habileté et se sont maintenus à la tête d'exploitations littéraires par leur ténacité dépourvue de scrupules, M. Édouard Hervé est le contraste frappant entre ce que devrait être un directeur de journal et ce qu'il est trop souvent.

Édouard Hervé était un lettré, et c'était un penseur indépendant, ayant incarné son idéal de société libérale dans la forme monarchique constitutionnelle. On peut discuter ses idées, combattre ses opinions, repousser ses tendances, mais tout le monde demeure d'accord pour s'incliner devant la loyauté de son attitude et la sincérité de ses convictions.

Fils d'un petit professeur de mathématiques de Saint-Denis, île de la Réunion, il vint en France terminer ses études au collège Napoléon, au lendemain du coup d'État, et obtint le prix d'honneur de philosophie au concours général de 1854. Il entra premier à l'École normale, mais déjà l'impétuosité du journaliste se montrait dans le jeune homme, et il quitta la pépinière professorale pour entrer dans la presse.

Il vint se ranger dans ce journalisme d'opposition qui, au lendemain du coup d'Etat avait besoin de talent, de beaucoup de talent, pour émettre des idées indépendantes en face d'un pouvoir qui ne souffrait pas la contradiction.

C'est ainsi que, de 1860 à 1865, il collabora à la *Revue contemporaine*, au *Courrier du Dimanche* et au *Temps*.

En 1866, il se chargea de la correspondance du *Journal de Genève* et il obligea ceux qui s'intéressent à la formation lente de l'opinion publique à lire ces substantielles chroniques où, à l'aide d'une discussion, il préparait des arguments à ses camarades de France.

Il eut un talent spécial, un tour d'esprit particulier, pour écrire une correspondance parisienne d'un grand journal international comme était à ce moment le *Journal de Genève*, pour raconter la marche des idées, les événements qui se déroulent: apprécier les hommes qui passent, juger les uns et les autres avec assez de hauteur de vue et d'indépendance pour que ces opinions puissent être acceptées par ceux qui aiment notre pays, sans fournir d'armes de combat à ceux qui ne nous aiment pas à l'extérieur. Édouard Hervé avait ces qualités au suprême degré.

M. Édouard Hervé avait admirablement réussi dans cette besogne délicate, qui n'est pas toujours sans profit pour les idées françaises.

Mais la vraie carrière de M. Hervé se résume dans le *Soleil* dont il fut le fondateur et dont il est demeuré jusqu'à la dernière heure le directeur et l'inspirateur.

A notre époque enfiévrée où les injures tiennent si souvent lieu d'arguments, où on remplace les bonnes raisons par de méchantes calomnies, M. Hervé avait un parti pris de modération et d'élévation dans le langage qui étonnait et je dirais presque qui détonnait au milieu des colères vociférantes de tant d'autres.

M. É. Hervé eut des polémiques nombreuses, et je ne crois pas que jamais il lui soit échappé un gros mot, ou même une expression violente.

Comme, un jour, on lui faisait compliment de cette courtoisie parfaite :

— Oh ! dit-il, il n'y a pas grand mérite ; c'est une question d'éducation. Quand on a la prétention de s'adresser à des lecteurs courtois, on ne peut pourtant pas leur parler le langage des dames de la halle.

Evidemment cet homme appartenait à une génération.

M. É. Hervé avait essayé plusieurs fois d'entrer à la Chambre sans jamais y réussir.

Les intelligences et les capacités ont peu de chance d'entrer dans les assemblées où dominent les inutiles et les non-valeurs, ceux que Gambetta appelait un jour avec ce beau dédain pour la médiocrité salissante et dominante au Parlement : « Les sous-vétérinaires ». Un adversaire comme M. Hervé ne pouvait cependant qu'être utile à une majorité compacte dont il eut pu stimuler le zèle.

M. Éd. Hervé fut cependant élu conseiller municipal de Paris dans le VIIIe arrondissement en 1881 ; il ne se représenta pas en 1884. Avait-il compris l'inutilité de l'effort dans une assemblée qui, étant l'antichambre du Palais-Bourbon, sert trop souvent de tremplin aux ambitions de quartiers protégés par les marchands de vin et par les électeurs qui sont presque toujours des intelligences ignorées et ignorantes. O démocratie ! que de médiocrités nous subissons en ton nom !

Une autre compensation fut réservée à M. Hervé : l'Académie française l'élut en 1886, à la place du duc de Noailles et, on a beau la railler, l'Académie vaut mieux que le Conseil municipal et même que le Palais-Bourbon, quoi que M. Faberot en pense et quoi que le citoyen Carnaud, sous-instituteur de Marseille, en dise.

M. Éd. Hervé avait deux convictions : la foi dans la monarchie et la croyance dans une cause religieuse ; il les a défendues toutes deux avec un dévouement qui ne s'est arrêté qu'hier.

Les adversaires sont heureux de rendre hommage à cette loyauté jamais prise en défaut, et les journalistes perdent un compagnon illustre qui fut un homme de conscience et de probité.

Ils sont rares.

ALCESTE.

Le Journal de Roubaix

Le journalisme et l'Académie française viennent de faire une perte des plus sensibles et tout à fait inopinée.

M. Édouard Hervé luttait depuis plusieurs semaines contre les atteintes d'un mal qui semblait définitivement vaincu, lorsqu'il est mort presque subitement mercredi, à dix heures du soir, en pleine possession de cette grande intelligence et de cette invincible vaillance qui était le fond de son caractère et de sa vie.

La génération actuelle n'a connu en lui que le directeur du journal *le Soleil*, qu'il créa en 1876 et dans lequel il ne cessa de lutter en faveur du comte de Paris, puis du duc d'Orléans, exhortant les princes à la décision et à l'action.

C'est d'ailleurs au directeur du *Soleil* que l'Académie française ouvrit ses portes, à la mort du duc de Noailles, le 11 février 1886 : et c'est par conséquent depuis la fondation de ce journal monarchiste, le premier grand quotidien à cinq centimes, que date pour la foule la célébrité du nom d'Édouard Hervé.

Mais, pour une élite de lecteurs, d'hommes politiques et d'écrivains, dont le souvenir est encore charmé, c'est surtout avant cette période qu'il faut aller le chercher et le fixer pour l'histoire, au milieu de polémiques encore plus sonores et de luttes beaucoup plus vives.

C'est de 1863 à 1875, qu'Édouard Hervé a vécu sa vie la plus éclatante et la plus féconde.

Journaliste dans l'âme, journaliste qui ignorait peut-être sa réelle valeur, puisqu'il rêvait constamment de s'échapper et de s'enfuir vers les régions autrement fallacieuses de la politique, il donna pendant ces douze années, dans la presse du second Empire et des commencements de la République actuelle, la mesure de ses immenses qualités.

Au *Courrier du Dimanche*, au *Temps*, à l'*Époque*, sous la direction Feydeau : au *Journal de Genève*, il apparut, dès sa sortie de l'École normale, comme rédacteur principal, collaborateur ou correspondant.

Mais ce fut à partir de 1867 qu'il marqua sa vraie place, le jour où, profitant de la nouvelle loi du 19 janvier sur la presse, il put fonder avec J.-J. Weiss le premier journal de véritable opposition à l'Empire, le *Journal de Paris*.

Très vite, par l'ardeur de sa polémique et par la fermeté de son dogme autant que par l'élégance de sa pensée, il devint le leader le plus apprécié de la monarchie constitutionnelle, et quand la République survint, Édouard Hervé fut le conseiller le plus justement écouté des princes d'Orléans pour lesquels il avait engagé l'âpre combat ; période brillante dans laquelle Édouard Hervé a conquis, en équilibre imperturbable, avec sa plume comme balancier, une place si brillante aux côtés d'hommes d'État. Au milieu des plus grandes discussions, parmi les pièges et les écueils, son esprit calme, souple et patient ne cessait de dominer : il se retrouvait dans sa phrase toujours sobre, claire et maîtresse du mot, comme dans sa physionomie grave, douce, un peu indolente, non pas immobile, mais volontairement égale.

Un mot, d'ailleurs, résume toute sa vie politique, tous ses sentiments, toutes ses convictions et tous ses efforts : c'est la fidélité à ses illustres amitiés.

Jusqu'à la mort, Édouard Hervé a été fidèle à son parti. Ce n'est certes pas une consolation, mais c'est un nouveau titre de fierté pour ceux qui le pleurent : sa femme, sa fille, la comtesse de Grenaud de Saint-Christophle, son fils, Philippe Hervé, son frère, M. Hervé de Kerohant, et cette autre famille à laquelle il a donné l'infatigable exemple du travail et de l'honneur, la Presse française.

G. C.

Le Journal de Rouen

« Les journalistes, dont la plume débridée court impunément aujourd'hui de la calomnie à l'injure, de la diffamation à la provocation au crime, auront quelque peine à tenir pour vraies les misères morales et matérielles de nos devanciers. » Ainsi parlait Hector Pessard dans la série trop tôt interrompue de ses *Petits Papiers*; il écrivait cela il y a douze ans; qu'y ajouterait il aujourd'hui devant le débordement de violences et d'insultes de la presse quotidienne ?

Cette réflexion et le nom même d'Hector Pessard viennent à la fois sous notre plume en apprenant la mort d'Édouard Hervé dont il était le comtemporain, bien qu'il se soit amusé à dissimuler la date de sa naissance. Édouard Hervé et Hector Pessard appartenaient tous deux à cette génération de journalistes qui se faisaient un point d'honneur d'étudier de leur mieux les questions et de les traiter avec autant de courtoisie que de bonne foi. Tous deux avaient un penchant si irrésistible pour le journalisme qu'ils avaient renoncé, l'un et l'autre, à la carrière où ils s'étaient engagés pour la satisfaction de leurs parents : Hector Pessard, un emploi dans les douanes à Valenciennes ; Édouard Hervé, la place de chef de promotion à l'École normale supérieure.

La comparaison, d'ailleurs, s'arrête à ces traits préliminaires ; ils n'avaient ni la même culture, ni le même genre d'esprit, ni le même caractère, ni les mêmes opinions. Tandis qu'Hector Pessard, doué de l'esprit le plus fin, le plus exquis, ne devait pas, à la tête du *Soir* et du *National*, arriver à la réputation et au succès que valaient largement son mérite personnel, Édouard Hervé devait conquérir une place des plus en vue, une grande situation et un fauteuil à l'Académie française. Tous deux, pourtant, — nous le voyons pour Édouard Hervé par l'article que lui consacre M. Charles Canivet (Jean de Nivelle), doyen de la rédaction du *Soleil*, — se plaignaient de l'indifférence et de l'ingratitude des hommes politiques qu'ils avaient servis. Mais ce n'est point là un phénomène si particulier qu'il ne puisse figurer dans la biographie de tous les journalistes !

« Homme d'expérience et de bon conseil », écrit M. Canivet, « les amis politiques d'Édouard Hervé ne manquaient jamais de le consulter dans les situations critiques et difficiles, quitte à le tenir éloigné lorsque, grâce à ses sages avis, quelques difficultés se trouvaient aplanies ou supprimées. Il en souffrit beaucoup sans se plaindre. » Pour comprendre ces allusions discrètes, il faut se rappeler que les amis politiques de M. Hervé ne lui ont jamais ouvert les portes du Palais-Bourbon alors que, dans le même arrondissement de Paris, ils assuraient invariablement le succès d'un homme de même nuance mais sans talent.

Né à la Réunion d'un père d'origine bretonne, qui s'était expatrié pour ne pas subir les alliés en 1814, et qui professait les mathématiques au collège de Saint-Denis, Édouard Hervé était venu achever ses études à Paris et entrait premier à l'École normale supérieure, en 1854, en même temps qu'il remportait au concours général le prix d'honneur de philosophie et deux prix de sciences. Le second était M. Claveau, aujourd'hui secrétaire-rédacteur à la Chambre, collaborateur du *Soleil* et du *Figaro* sous le pseudonyme de *Quidam*.

Au bout de quelques mois, sans avoir la patience de tirer

le parti qu'il pouvait attendre de l'admirable enseignement de ses maîtres, il quittait l'École. Un besoin d'écrire et de batailler dans la presse le tenait, impérieux et irrésistible. La *Revue de l'Instruction Publique*, la *Revue contemporaine*, le *Courrier du Dimanche*, le *Temps*, le *Courrier-Français*, l'*Epoque*, le *Journal des Débats*, le *Journal de Genève* lui ouvrirent successivemont leurs portes. Il se distingua rapidement au milieu d'écrivains de haute valeur et fonda en 1867 le *Journal de Paris*. Sa ligne de conduite était choisie; il faisait la guerre à l'Empire au nom de la politique libérale, qui se résumait pour lui dans la politique anglaise, appliquée en France par la monarchie constitutionnelle et la maison d'Orléans.

Le *Figaro* dit, avec raison, que c'est le journaliste de ce temps-là qu'il faudrait faire connaitre, car M. Édouard Hervé dépensa, pendant les dernières années de l'Empire, le meilleur de lui-même. Mais les journaux de cette époque n'intéressent guère que les professionnels et les historiens. Comme l'a très justement dit Hector Pessard dans ses petits mémoires que nous citons plus haut : « Les obus prussiens ont ouvert dans l'histoire comtemporaine un sillon si profond et si large que tout ce qui est resté au delà du ravin n'apparaît plus aujourd'hui qu'en images confuses, noyées dans une buée sanglante et un brouillard funèbre. Le souvenir des faits antérieurs à l'invasion a été enfoui dans les tombes creusées par la guerre de 1870.

Nous devons prendre Édouard Hervé tel que notre génération l'a connu, c'est-à-dire depuis la guerre jusqu'à l'année actuelle. Il est resté, et restera, pour l'opinion publique, le fondateur et le directeur du *Soleil*, l'intime ami des princes d'Orléans, avec un faible très marqué pour le duc d'Aumale; à la presse, il laissera le souvenir d'un journaliste de race, qui ne vivait que pour son journal. La presse parisienne a connu tant de brasseurs d'affaires, financiers et autres, à la tête de ses feuilles les plus connues, qu'elle peut honorer à bon droit les hommes qui sont restés fidèles aux traditions.

Les journalistes qui fréquentaient la tribune de la presse au Palais-Bourbon sont ceux qui ont connu le mieux Édouard Hervé. Plein d'une admiration pour les institutions politiques anglaises, qu'il n'a point dissimulée dans *Une page d'histoire contemporaine* et dans *La crise irlandaise*, il était un des fervents partisans du régime parlementaire. Dans ce milieu de journalistes, où les opinions les plus opposées arrondissent leurs angles en se heurtant, il se montrait plein de fougue et de passion pour les belles luttes oratoires. Tout ce qui était du Parlement l'intéressait et, à ces heures de fièvre, il faisait preuve d'une hauteur de vues que les intérêts de partis ne lui permettaient pas toujours de retrouver dans son journal.

Les jeunes journalistes et même les anciens trouvaient grand profit à sa conversation ; il était lui-même un enseignement vivant et permanent de journalisme. Nul ne poussait plus loin que lui le souci du renseignement exact ; son information s'étendait aux hommes et aux choses du monde entier. On le devinait très exigeant pour ses collaborateurs, mais il était d'une scrupuleuse exigeence pour lui-même. Ceux qui travaillaient avec lui étaient à bonne école.

La nature ne lui avait pas prodigué ses dons ; mais sa physionomie était de celles qu'on n'oublie pas. Aussi depuis que la maladie le tenait éloigné du Palais-Bourbon, on remarquait qu'il y avait une place vide dans la tribune des directeurs de journaux. Cette place ne sera pas facilement remplie.

Toute la presse, sans distinction de nuance, rend hommage à ce journaliste qui ne fut, pendant quarante-deux ans, qu'un journaliste. Elle reconnait ainsi qu'Édouard Hervé honora notre profession par la manière dont il la pratiqua. Ce partisan déterminé de la monarchie constitutionnelle, qui a défini ses convictions politiques dans la préface qu'il donna au livre de Charles Yriarte sur les *Princes d'Orléans*, et qui était trop fin, trop avisé pour avoir beaucoup d'illusions sur les chances d'une restauration, avait, toute sa vie, respecté les opinions de ses confrères.

Sa polémique n'en avait pas moins de valeur pour être de forme courtoise et écrite en belle langue française.

Mais cet hommage, auquel tout le monde s'associe, du *Temps* à l'*Univers*, du *Rappel* à la *Gazette de France*, et l'insistance que chacun met à rappeler la dignité et la tenue d'Édouard Hervé, ne soulignent-ils pas d'une singulière façon l'état actuel de la presse ? Où est le temps — cela se voyait encore au lendemain de la guerre, au milieu des luttes si graves de l'Assemblée nationale, — où les journalistes des opinions les plus opposées discutaient avec des arguments et cherchaient à triompher par la persuation ? où les champions du roi pouvaient voyager, entre Paris et Versailles, avec les champions de la République, sans songer à s'assassiner ?

Aujourd'hui, ce sont les boîtes à ordures qu'on se vide réciproquement sur la tête en guise de raisons, et la presse ne se demande pas si le public ne viendra pas à la mépriser en suivant son propre exemple ! Nous pouvons saluer Édouard Hervé ; du train dont vont les choses, qui sait si nous reverrons des journalistes de son école !

2804. — IMPRIMERIE DE VAUGIRARD

G. DE MALHERBE, DIRECTEUR

152, RUE DE VAUGIRARD, PARIS

PARIS

IMPRIMERIE DE VAUGIRARD, G. DE MALHERBE, DIRECTEUR

152, RUE DE VAUGIRARD,

www.ingramcontent.com/pod-product-compliance
Ingram Content Group UK Ltd.
Pitfield, Milton Keynes, MK11 3LW, UK
UKHW021827190726
13853UKWH00003B/1235